여행 중

민주주의가 말을 걸다

- 그리스·영국·독일의
  역사 속 유적을 통해 배우는 민주주의

여행이란

우리가 사는 장소를 바꾸어주는 것이 아니라
우리의 생각과 편견을 바꿔 주는 것이다.

_아나톨 (프랑스 소설가 겸 평론가)

민주주의의 문제는

왕들을 몰아내는
문제가 아니다.
그것은 모든 사람을
왕으로 만드는 것이다.

_모어 하우스

시작하며

제1장 여행에 앞서 - 민주주의 역사를 보다

제2장 여행하며 - 자유, 민주주의가 말을 걸다

제3장 여행 후- 내 마음과 일상에서 민주주의를 보다

시작하며

'우리는 모두 그리스인이다. 우리의 법, 우리의 문화,
우리의 종교, 우리의 예술은 모두 그리스에서 나왔다.'

_설리 (영국 시인)

지난 해(2016년) 그리스와 영국, 독일여행을 다녀왔다. 여행 중에 본 유적들과 역사 속 사람들은 나에게 다양한 말을 걸어왔고 명확히 무언지 모르지만 기록하고 사진찍었다.

문명의 고향 그리스, 대영제국, 우수 국가브랜드 독일, 모두 세계 강대국이었던 나라이다. 이들은 안정된 정치제도를 바탕으로 영향력을 확대했다. 이러한 안정된 민주정치 발전은 어떻게 형성되었을까에 대한 궁금증은 여행 후에도 계속되었다.

즉 2,500년 전 아테네 시민들은 페르시아와의 전쟁에서 노예보다 자유를 위해서 목숨을 걸고 싸웠다. 영국 국민들은 오랜 세월 동안 희생으로 얻은 투표참정권이기에 선거 때 투표율이 높다. 또한 법치국가인 독일 사람에게 가장 큰 욕은 거짓말쟁이라는 사실이다.

궁금증에서 책을 쓰게 된 계기는 우연히 시작한 '나만의 책 만들기' 수업이었다. 수강하면서 여유롭게 준비하려는 마음과는 달리 선생님은 한 권의 책을 출간해야 하는 과제를 부여했다.

때마침 지난해 우리는 최순실 국정농단을 시작으로 민주주의 절차에 의거 대통령 탄핵과 선출이 되는 과정을 지켜보았다. 여행중의 느낌을 정리하고자 참고로 서점에서 민주주의에 관한 정보를 얻고자 했지만 두꺼운 전문서적과 전문용어로 되어 있었다.

이 책은 여행 중에 내 마음을 움직이게 했던 민주주의에 대한 물음에 대한 대답이다. 또한 정신없이 바쁘게 살아가는 아들 세대들과 중고, 대학생들에게 민주주의는 단지 교과서에 나오는 추상적 개념이 아님을 쉽게 설명해 주고 싶었다.

책 내용은 여행 흐름에 따라 세 부분으로 나누어 편집하였다. 먼저 여행을 출발하기 전에 민주주의 역사를 알아보고 여행 중에는 나라별로 여행하며 배우고 느낀 소감을 정리하였다. 여행 후에는 일상에서 민주주의 정착을 위한 실천 방향을 고민해보았다.

우연으로 출발한 여행과 책 만들기 집필 과정은 눈에 보이지 않는 민주주의를 일상에서 필연적인 삶의 도구로 인식하게 만들었다. 글을 쓰는 과정에서 항상 물었던 질문을 다시 물어본다.

'민주주의는 무엇인가?
민주주의의 목적은 무엇인가?
나는 나라의 주인으로서 권한과 의무를 다하고 있는가?'

제1장

여행에 앞서
민주주의 역사를 보다

> 시라쿠사 고대 그리스 극장 | 시칠리아 B.C 5세기

여행에서
지식을 얻어서 오고자 한다면
떠나기 전에 지식을 지니고
출발해야 한다.

_사무엘 존슨

민주주의에서는
한 명의 유권자의 무지가
모두의 안전을 해친다.

_존 F. 케네디

민주주의 주요 역사 흐름

기원전 600 ~ 400	**아테네의 직접 민주주의** › 민회, 시민 법정, 배심원 › 독재방지 등 도편제 실시
기원전 509 ~ 27	**로마의 공화정** › 원로원, 집정관, 민회의 권력균형 › 500년을 이끈 안정적 정치체제
1215년 이후 마그나카르타	**영국의 의회 민주주의** › 국왕의 횡포에 맞서 만든 마그나카르타 › 명예혁명 후 의회주도의 입헌군주제
1776년 독립선언문	**미국의 대통령제 – 견제와 균형의 정치학** › 토머스 제퍼슨 독립선언문 '기본권보장' › 절대 권력은 절대 부패한다. → 3권분립
1789년 프랑스대혁명	**프랑스 혁명 '자유와 평등을 위하여'** › 루소, 볼테르 등 계몽사상 '나라 주인은 국민이다' › 1789 대혁명 시민계급의 권리선언
1919년 바이마르공화국	**독일 반성에서 배우는 민주주의** › 선거로 선출된 독재자의 집권을 어떻게 막는가? › 정당을 통한 의원내각제 및 시민에 대한 정치교육
1948년 이후	**한국의 후불제 민주주의** › 헌법과 법률 먼저 → 정착은 진행 중

플라톤 **기원전 427-347**

'시민들이 정치를 외면한 가장 큰 대가는 당신보다 더 멍청하고 저질스러운 인간에게 지배당하는 것이다.'

서양문명의 발전은 어디에서 시작되는가?

"모든 서양 철학사는 플라톤의 주석에 불과하다."라고 저명한 철학교수인 화이트헤드는 말했다.

이 말은 2,000년 동안 서양문명을 유지하고 발전시켜 왔던 철학, 과학, 정치학 등 모든 학문이 플라톤이 구축한 철학 체계에서 출발함을 말해준다. 플라톤은 소크라테스 제자이자 아리스토텔레스 스승이다.

모든 문명은 지리적 여건에 많이 좌우된다. 사진에서 보는 것처럼 그리스는 국토의 75%를 차지하는 험준한 지형 특성 때문에 각 지역 간 교류가 쉽지 않았다.

> 파르테논 신전에서 바라보는 아테네 시내 전망

그래서 정치적, 사회적으로 독립된 도시 국가인 폴리스(Polis)가 고대 그리스 곳곳에서 독자적인 정치 형태로 발전했다. 같은 언어와 종교를 가졌기에 외국의 침략에는 동맹을 맺고 각자의 자치적인 문화를 꽃피울 수 있었다.

도시 국가 사이에 전쟁으로 생긴 노예들은 생산적인 활동을 전담하고, 전쟁에 참여해 승리했던 시민들은 적극적으로 정치에 참여하며 학문과 예술을 꽃피우게 된다.

특히 아테네에서는 자유와 평등을 기초로 전 시민이 모인 집회에서 나랏일을 결정했는데, 이것이 바로 민주주의 시초이다. 이러한 폴리스의 직접 민주정치는 시민의 적극적인 정치 참여와 자유로운 토론이 중시되었다.

> 디오니소스 극장 | 연극 및 민주적 토론장

이러한 도시국가는 민주주의 체제 아래에서 아테네를 중심으로 델로스동맹으로 단결하였기에, 대제국 페르시아를 무찌르고 번영의 기틀을 세울 수 있었다.

그 결과 기원전 3세기까지 아테네는 그리스 학문과 예술 중심지가 되어 2,000년 이상 서양문명 뿌리 역할을 하게 된다.

민주주의 배경 하에 기원전 5세기경 아테네에서는 개인 창의력과 능력이 최대한 발휘되었고, 최고의 철학, 문학, 예술, 과학 등 학문이 시작되었다. 이러한 자유와 책임에 근거를 둔 민주주의 뿌리가 있었기에 서양문명은 지속적으로 발전할 수 있었다.

한 나라 문화번영과 학문 발전은 정치체제가 흔들리지 않을 때 더 융성하게 된다. 민주정치를 유지하고 발전을 가능하게 했던 것은 독재 정치가를 견제하는 아테네 시민의 적극적인 정치 참여였다.

시민들의 무관심은 독재나 전제정치로 이루어질 수 있음을 역사를 통해 알 수 있다. 그러므로 항상 모든 문제와 해결은 우리의 자유와 책임에 달려 있다.

아니 나의 자유와 책임의 몫이다.
시민으로서 나의 권리와 의무를 다시 한번 생각해본다.

> 마그나카르타

윈스턴 처칠 **영국 정치가**

'마그나카르타 이 법은 왕 위에 군림하며 왕조차 깰 수 없다.
이 숭고한 법을 재확인하여 보편적인 헌장에 기술한 것이야말로 마그나카르타의 위대한 업적이다.
이 사실만으로도 이제껏 인류가 품어온 경외감에 부족함이 없다.'

영국 800년에 거쳐 형성된 의회 민주주의를 보다

영국은 섬나라이다. 바다만 잘 지키면 되고, 육군이 필요 없기에 절대적인 왕권이 필요 없었다. 이러한 환경에서 귀족과 백성들의 세력은 다른 나라보다 강했다.

1215년 영국의 독재자였던 존 왕은 프랑스와 전쟁을 수행하는 과정에서 귀족과 백성 재산을 수탈하였다. 전쟁에서 패하게 되자 분노한 귀족들은 자신들의 자유와 권리를 지키기 위해서 대헌장 '마그나카르타'에 서명을 요구하였다. 홀로 남은 왕은 받아들일 수밖에 없었다.

이는 영국의 첫 헌법이며, 국민의 자유와 권리를 보호하는 법률의 바탕이 된다.

대헌장의 내용은 다음과 같다.

첫째 대표가 없는 곳에 세금은 없다. 왕이 세금을 거두려면 세금 내는 자, 귀족 신하의 동의를 얻어야 한다. 둘째 자유민의 체포와 형벌은 법에 따라서 행해져야 한다.

이러한 왕권과 귀족 갈등 속에서 1265년 영국의회가 탄생한다. 이때는 귀족뿐 아니라 농장주인, 상인 등 평민계급도 참여하여 오늘날 평등한 민주주의의 길을 열었다.

로마 시대 의회는 귀족 위주로 참여할 수 있었으나, 영국은 귀족으로 구성되는 상원과 사회 각계각층의 국민대표로 이루어지는 하원으로 발전한다.

이후 의회는 1628년 찰스 1세를 압박하여 얻어낸 권리청원을 통해 국민의 기본권을 수립하게 된다. 1689년 정식으로 영국의 법에 따라 권리장전을 선포함으로써 왕권을 민주적으로 제한하는 성과를 얻었다.

영국 민주주의는 프랑스처럼 피 흘리는 혁명을 통해 생긴 것이 아니다. 800년의 갈등과 소통을 통해 정착되었다. 영국은 청교도혁명을 통해 왕을 죽이는 충격적 경험도 해보았고 왕이 없는 공화정도 겪어보았다.

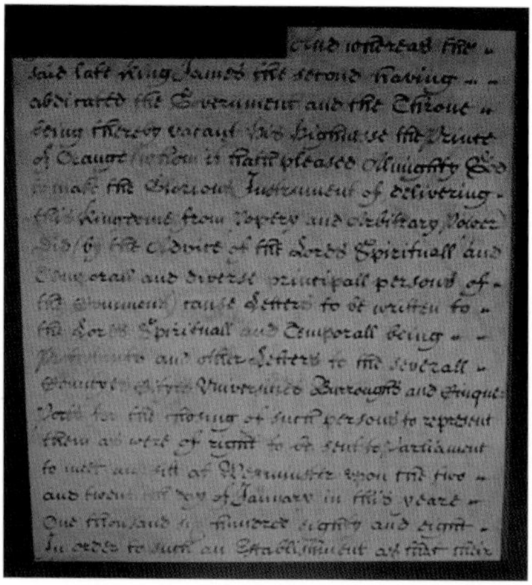
And whereas the
said late King James the Second having
abdicated the Government and the Throne
being thereby vacant His Highnesse the Prince
of Orange (whom it hath pleased Almighty God
to make the glorious Instrument of delivering
this Kingdome from Popery and Arbitrary Power)
did (by the Advice of the Lords Spirituall and
Temporall and diverse principall persons of
the Commons) cause Letters to be written to
the Lords Spirituall and Temporall being
Protestants and other Letters to the severall
Counties Cities Universities Burroughs and Cinque
Ports for the choosing of such persons to represent
them as were of right to be sent to Parliament
to meet and sit at Westminster upon the two
and twentieth day of January in this yeare
One thousand six hundred eighty and eight
In order to such an Establishment as that

> 메리 2세와 윌리엄 3세의 권리장전

지금도 영국의 지도자들은 갈등이나 문제가 발생할 때 급격한 변화보다는 대화와 타협을 통하여 점진적으로 해결하는 정치문화를 보여주고 있다.

이러한 정치문화가 안정된 정치제도를 이루게 했고 결국 해가 지지 않는 나라였던 영국을 이끈 힘이 되었다.

다시 한번 800년 영국 민주주의 역사를 되돌아본다.
우리나라 정치문화도 대화와 타협 속에서 지속적으로 갈등을 해결해나가는 모습을 보는 것은 단지 희망사항일까?

로마, 미국, 프랑스, 독일의 민주주의 역사

◉ 로마 – 공화정을 통한 권력의 견제와 균형

'로마는 호수와 같다.
로마 이전의 모든 역사는 로마로 흘러 들어갔고
로마 이후의 모든 역사는 로마로부터 나왔다.'

_L. 랑케 (독일 역사가)

로마 공화정 탄생

기원전 509년 에트루리아계 왕인 타르퀴니우스를 추방하고 공화정을 수립하였다. 공화정이란 군주정에 반대되는 개념으로 군주 한 사람에 의한 독재가 아닌 복수 주권자가 통치하는 체제를 가리킨다.

초기에는 귀족과 평민 사이에 신분투쟁으로 내분에 휩싸였으나 대화와 타협을 통해 공화정 체제는 안정되어갔다. 기원전 494년 신분 투쟁의 결과 평민 대표자인 호민관직이 창설되었다.

전반기에 행해진 공화 정치는 평민대표인 민회와 최고 권력자인 집정관과 귀족을 대표하는 원로원으로 구성된다.

현재와 비교시 국회에 해당하는 원로원이 있고, 집정관은 원로원이 선출한 후보자 중에서 민회에서 선택되었다. 독재가 불가능하도록 항상 두 명을 선출했다.

아테네와 다른 점은 귀족들이 민중에게 완전히 권력을 내준 게 아니라 원로원을 통한 귀족정치와 공화정이라는 공공의 재산, 공공의 철학을 내세움으로써 시민들을 공동체적 일체감으로 결속시켰다는 점이다.

로마의 세계 제패 원인 - 안정적인 정치 체제

공화정이 출범하고 정치체제의 안정을 바탕으로 로마는 이탈리아 중부에서 지중해 세계 전체로 영토를 넓히게 된다.

로마 공화정은 대표자를 선거를 통해 선출했고 국가 권력을 여러 대표와 기관으로 분산하는 권력의 균형을 통해 현대 민주주의의 기초를 세웠다.

기원전 27년 아우구스투스가 사실상의 황제 제정을 실시함으로써 공화정은 황제체제로 넘어가게 된다.

향후 미국의 건국자들이 왕정 이외의 정치체제를 원했는 바 모델이 될 만한 나라를 역사 속에서 찾은 것이 로마 공화정이다.

> 고대 로마 중심지 '포로로마노' | 문화, 정치 및 시민생활의 중심지

◉ 미국 - 세계 최초 대통령제와 3권분립 제도

토머스 제퍼슨

미국 정치가 · 독립선언문의 기초위원

'국민이 통제하지 않으면,
어떤 정부도
계속 좋은 일을 할 수 없다.'

독립혁명 (1776) - 대통령제와 3권분립 제도

1776년 영국 식민지하에서 13개주 식민지의 대표들은 미국의 독립 선언서에 서명하고 아메리카합중국을 세운다.

필라델피아 제헌의회에서는 강력한 정부의 대통령제 필요성을 인식하여 반영하였다. 또한 모든 권력은 부패한다는 기조하에 의회 입법과 대통령제 행정 그리고 사법부를 독립시키는 3권분립으로 견제와 균형 정치를 시작하였다.

권력분립은 국민 자유를 보장하기 위하여 국가 작용을 몇 가지로 나누어 이들 담당자간에 상호적 견제, 세력 균형을 유지시키려는 통치제도이다.

당시에 발표된 미국 독립 선언문은 절대 왕정에 반대하는 민주주의적 혁명 성격을 가지며 자유, 평등과 인민 주권 확립을 이루려는 시도였다.

1776년 독립선언문 중 일부

"우리는 다음과 같은 것을 자명한 진리라고 생각한다. 즉, 모든 사람은 평등하게 태어났고, 조물주는 몇 개의 양도할 수 없는 권리를 부여하였으며, 그 권리 중에는 생명과 자유와 행복의 추구가 있다.

이 권리를 확보하기 위하여 인류는 정부를 조직하였으며, 이 정부의 정당한 권력은 인민의 동의로부터 유래하고 있다. 또 어떠한 형태의 정부든 이러한 목적을 파괴할 때에는 언제든지 정부를 변혁 내지 폐지하여 인민의 안전과 행복을 가장 효과적으로 가져올 수 있는, 그러한 원칙에 기초를 두고 그러한 형태로 기구를 갖춘 새로운 정부를 조직하는 것은 인민의 권리이다."

장 자크 루소 **『사회계약론』 중**

시민은 주권자이자 동시에 신하다.
권력은 국민에 속한다.
자유와 평등이 지배한다.
법은 집단적 의지의 표현이다.

프랑스 혁명 (1789-1799) - 자유와 평등의 사회로

1789년 절대다수 평민이 주도하여 절대왕정을 무너뜨리고 스스로 사회의 주인이 되려했던 최초의 혁명이었다.

당시 프랑스는 2%의 성직자들과 귀족이 권력을 잡고 있음에도 98%의 절대다수의 평민들이 무거운 세금을 내고 있었다. 먹고 살기조차 어려운 평민과 당대의 지식인과 부유한 평민인 부르주아가 힘을 합쳐 혁명을 일으켰다.

혁명초기에는 입헌군주제로 가려했으나 혁명세력의 공포정치와 분열로 정치적 불안정과 혁명에 지쳐버렸다.

이러한 상황을 이용하여 전쟁에서 큰 공을 세운 나폴레옹이 혼란한 사회 분위기를 틈타 쿠데타로 집권한다. 이후 1804년 국민투표를 통해 공화정을 폐지하고 황제의 자리에 오르게 된다.

프랑스 혁명 의의 - 19세기 자유주의 운동 탄생

전 국민이 자유와 평등을 보장하는 사회를 만들고자 했으며 세습군주제를 폐지하고자 했다.

혁명은 보통 선거와 민주주의 시대를 이끈 19세기의 자유주의 운동을 탄생시켰다. 또한 혁명은 새로운 부르주아 사회를 창조하고 계몽주의 운동을 계승하였고 국가를 통일시키는 데 기여하였다.

프랑스 인권선언문 - 개인의 기본권 보장

'인간은 자유롭고 평등하게 태어났으며 언제나 그렇게 살아간다. 모든 정치의 목적은 그 무엇도 침해할 수 없는 인간의 자연권, 즉 자유권, 재산권, 안전 및 압제에 대한 저항권을 보존하는 데 있다.'

◉ 독일 – 역사의 반성에서 다시 태어난 민주주의

'민주주의자 없이
민주주의는 이루어지지 않는다.'

_프리드리히 에베르트 (독일 바이마르공화국 초대 대통령)

바이마르 공화국의 몰락과 나치의 집권

1919년 독일 총선거와 헌법에 의거하여 독일역사상 처음으로 바이바르 공화국이 탄생한다. 1933년 소수정당이 난립하게 되면서 히틀러 나치당이 제1정당으로 집권하고 공화국은 몰락하게 된다.

나치당의 히틀러가 총통으로 집권하면서 2차 세계대전을 일으켰으나 패전한다. 이후 동서독 분단의 시대를 거치고 1990년 동서독의 통일로 의원내각제인 독일연방 공화국이 출범하게 된다.

독재자의 집권을 어떻게 막을 것인가? - 정당시스템

히틀러의 독재 탄생을 반성하는 뜻에서 대통령의 권한을 축소하고 정당을 통한 의원내각제이며 대통령은 상징적이다.

또한 바이마르 공화국 시절에 소수정당이 난립하고 이로 인해 나치 독재가 출현한 것을 경험하였다. 그래서 연방하원 선거에서

5% 득표에 미달하는 정당들의 원내 진출을 차단함으로써 소수정당이 난립하지 않도록 방지하였다.

이러한 역사의 반성과 성찰차원에서 전후 독일연방공화국의 정당 구조는 정당의 이념 지향성이 크게 줄었다. 대신에 민주주의의 타협과 합의의 정치문화가 형성되는 등 완전히 새로운 성격으로 변화하게 된다.

이후 독일 정치는 합리적이고 깨끗한 정치를 위해 사람보다는 전문적인 정당시스템으로 이루어진다. 정당의 주요임무는 현재의 메르켈총리처럼 오랜 기간동안 정치적 리더십이 검증된 정치인을 키워 의회에 진출시키고 정권을 잡게 하는 것이다.

그래서 각 당마다 국가의 예산 지원 하에 시민들에게 정당정치와 민주주의에 대한 교육을 하고 있는 것이다. 일례로 기민당은 '콘라트 아데나워 재단'에서, 기사당은 '한스 자이델 재단'에서 미래의 정치가들을 양성하고 있다.

왜냐하면 교육받은 민주시민이 없다면 독재국가로 갈 수 있음을 배웠기 때문이다. 이러한 성숙한 국민의식이 민주주의 사회를 만드는 핵심일 것이다.

2016년 배낭여행 일정표 (9.3.~9.14)

여행 동선	일시	주요 방문지
한국 → 독일	9.3	프랑크푸르트 도착
	9.4	시내 - 뢰머광장, 파울하우스
	9.5	괴테의 집, 마인강 등
독일 → 영국	9.5	프랑크푸르트 → 영국
	9.6	국회의사당 레스퀘어광장 등
	9.7	세익스피어극장, 런던탑 등
	9.8	영국박물관, 노팅힐 등
영국→그리스	9.9	오전 시내 → 그리스
	9.10	아크로폴리스, 페르테논 신전 등
	9.11	시내 → 마테오라 수도원
	9.12	공중수도원
	9.13	시내 → 귀국 (9.14)

*책은 여행동선과 달리 역사 순으로 재편집함

출발에 앞서 욕심과 두려움 앞에 서다

> 비행기의 출발과 도착

드디어 출발이 3일 뒤로 다가왔다. 전체 일수는 추석 전날 들어오니 약 12일 일정이다. 처음 일정을 잡기 전에는 어느 나라를 가야 할지를 고민했다. 참고로 2-3년 전에는 프랑스 등 중부유럽을 다녀온 적이 있었다.

여러 생각 끝에 유럽 중에서 민주주의 시작인 그리스와 의회 민주주의가 정착된 영국으로 잡았다.

구체적으로 그리스에서는 아테네 민주주의 유적과 스티브 잡스가 그토록 만나고 싶어했던 소크라테스의 흔적을 보고 싶었다. 영국에선 근대 산업혁명 배경과 의회 민주주의를 일으킨 국회의사당과 셰익스피어 극장이 보고 싶었다.

경유지로는 모범적인 법치국가이자 현재 국가브랜드 1위인 금융과 교통의 중심인 독일 프랑크푸르트로 정했다. 막상 나라를 정하니 관련 정보를 수집할 필요가 있었다.

그동안 서점에서 책을 보고, 인터넷 카페와 블로그 정보 및 여행 정보를 취합했다. 그러는 동안 정보가 너무 많아지다 보니 가야 할 곳에 대한 욕심이 커져만 갔다.

달리 생각하면 아무것도 안 해도 되는 배낭여행이고 아내보다 내가 주도적으로 갈 곳을 선택해야 하니 과욕에 따른 두려움도 생겼다. 자유롭기에 너무 많은 것을 보고, 먹으려 하고, 쇼핑하려 생긴 욕심에 따른 불안이었다.

복잡해진 마음을 정리해본다. 행복과 삶의 질을 높이기 위해 다녀오는 여행이 욕심으로 피곤해져서는 안 될 것이다. 다시 한번 가려는 분명한 목표를 되새긴다.

먼저 서두르지 말고 너무 많이 볼 욕심을 가져서는 안 될 것이다. 주어진 일정 내에 꼭 가봐야 할 관광지만을 보아야겠다.

차 한잔하며 길거리의 카페에서 햇볕을 즐겨야겠다 .

> 에게해가 보이는 카페에서 여유

제2장

여행하며 자유, 민주주의가 말을 걸다

> 아그리젠토 콘코르디아 신전 | 시칠리아 B.C 430년경

목적지에 닿아야
행복해지는 것이 아니라
여행하는 과정에서
행복을 느낀다.

_앤드류 매트

그리스 – 민주주의의 고향

'우리의 정치 체제는 민주주의에 해당되는데,
그 까닭은 권력이 소수가 아니라
다수로부터 나오기 때문입니다.'

_페리클레스 (아테네 대정치가)

아테네에서 민주주의 시작을 보다

드디어 고대도시 아테네를 보는 날이다. 소풍 가는 학생마냥 들뜬 마음으로 지하철을 타고, 파르테논 신전 및 유적들을 볼 수 있는 아크로폴리스 역에 내렸다. 아크로폴리스란 언덕 위 도시란 뜻이다.

신전으로 올라가는 길엔 말로만 듣던 올리브 나무들이 있다. 매표소에 서니, 멀리 파르테논 신전이 보인다.

불과 100m 높이임에도 신전은 도시 어디서나 볼 수 있는 위치에서 그 위용을 보여주고 있었다.

> 지하철역 입구 매표소에서 본 신전 모습

올라가는 길에는 2,500년 전에 연극무대로 사용되었던 디오니소스 극장과 최근까지 조수미가 출연했던, 세계적 음악회 무대로 사용되는 아티쿠스 음악당이 보인다. 당시 그리스인의 감성을 표현하는 예술적인 문화를 생각하게 한다.

> **디오니소스 극장** | 토론과 제사, 연극 등 종합극장 역할(약 17,000명 수용가능)

> 아티쿠스 음악당 | 지금도 음악회가 열리는 곳

도시국가인 아테네에서도 민주주의 정착은 쉽지 않았을 것이다. 민주주의 체제로 넘어오기 위해 고대 군주제에서 참주인 왕을 몰아내고 기존의 귀족체제를 변화시키고자 여러 제도를 변화시켰다.

특히 클레이스테네스는 민회의 대표 기관인 500인 회의체라는 민주정치 집행 기구를 만들었다. 귀족 위주의 기존 부족을 10개로 나누고, 부족당 50명 의원을 1년 임기로 추첨 선발했다.

만들어진 500인 협의회는 민회에서 해결해야 할 안건들을 조정하고 민회에서 의결한 사항들을 집행했다.

이후 페리클레스는 아테네 민주주의를 꽃피운 사람이다.

직접 민주주의 정치체제가 정착되면서 정치는 안정되었다. 이후 경쟁력으로 페르시아와의 전쟁에서 승리하면서 더욱 번성하였고, 이를 기념하여 아크로(언덕) 위에 기원전 438년에 파르테논 신전을 세웠다.

장엄한 규모와 섬세한 설계로 지어진 파르테논 신전을 비롯한 아크로폴리스는 그의 시대에 이룩된 것이다.

파르테논 신전에 구현된 '완벽한 고전미'는 건축뿐 아니라 조각, 회화, 그리고 철학과 문학에서도 찬란히 성취되었다.

> 파르테논 신전 | 세계문화유산 1호

소포클레스 등은 고전 비극을 완성했고, 헤로도토스와 투키디데스는 역사학을 창립했다. 당시 소크라테스는 제자들에게 도덕철학을 가르치고 있었다.

실로 아테네는 그리스뿐 아니라 지중해 및 전 세계의 모범이 되었고, 수천 년 동안 서양문명의 원천을 제공했다.

이후 동맹국의 맹주로 주도권을 행사하다가 스파르타와 30년 전쟁을 시작으로 서서히 패망하게 된다. 전쟁으로 약해진 시대적 환경에 북쪽 알렉산더 대왕과 로마제국 그리고 터키의 지배를 받게 된다.

페르시아를 이긴 민주주의 뿌리 - 자유의 힘

도시국가인 아테네와 스파르타가 대제국 페르시아를 이긴 이유는 무엇이었을까?

"당신들은 노예가 무엇인지는 알아도 자유가 무엇인지는 모른다. 당신들도 자유가 무엇인지를 알게 된다면 창뿐만 아니라 도끼까지 동원해서라도 끝까지 싸워서 자유를 지키라고 권유할 것이다."

이는 페르시아 전쟁 시 페르시아군에게 포위되어 항복을 요청받은 스파르타 병사의 대답이다. 고대 도시국가로 이루어진 그리스에서는 전쟁이 많았고 시민들은 국방의무를 의무가 아닌 권리라 보았다.

> 영화 《300》의 포스터

그들은 전쟁에 패하는 것이 생명과 재산을 잃을 뿐만 아니라 자유를 잃고 노예가 되기 때문에 전쟁을 할 때면 언제나 '자유를 위하여'라는 기치를 내걸었다.

영화《300》등에서 보는 바와 같이 이러한 그리스 도시국가 구성원 개개인의 철저한 자유에 대한 신념이 몇 십 배나 많은 병력을 가진 대제국 페르시아를 무찌를 수 있었던 것이다.

반면에 페르시아 병사들이 싸우는 명분은 다리우스 왕을 만족시키고자 한 것이었으니 정신력에서 현격한 차이가 있다고 보겠다.

이러한 목숨을 걸고 전쟁에서 참여한 시민들은 민주주의의 시민으로서 발언권을 가지고 민주주의를 발전시켰다는 점이다. 그와 대조적으로 우리는 민주주의 체제에 있고 공기처럼 많은 자유가 있어도 그 중요성을 느끼지 못하고 있다.

우리에게 주는 교훈은 명백하다. 자유 국민으로써 권한과 의무를 다하지 못하면 현대판 노예가 될 수도 있다. 우리에게 주어진 민주주의 정치에 참여하지 아니하고 발전시키지 못한다면 진정한 자유는 없을 것이다.

관련하여 기원전 431년에 시민들에게 정치 참여를 독려하는 페리클레스의 연설을 옮겨본다.

"권력이 소수에 있는 것이 아니라 전체 시민에게 있기 때문에 우리 법을 민주주의라고 합니다. 개인 간의 분쟁을 해결하는 데 있어서 모두 법 앞에서 평등합니다. 공직을 선출하는 데 있어서 어느 계층에 속하느냐가 중요한 것이 아니라 능력이 중요합니다. 어느 누구도 가난을 이유로 정치적 권리를 행사할 수 없게 되어서는 안됩니다.

우리는 개인 생활에서는 자유롭고 관대하지만 공동생활에서는 법을 지켜야합니다. 모든 시민은 개인 생활뿐 아니라 나라의 일에도 관심을 가져야합니다.

우리는 정치에 관심이 없는 사람은 자기 개인 일에도 관심을 갖지 못하는 사람으로 생각합니다. 우리는 말과 행동이 다르지 않으며 성급하게 행동하는 것을 가장 나쁘게 여기기 때문에 모든 아테네 시민은 누구나 정책 결정에 참여해야 합니다."

민주 정치 현장 – 아고라 광장에서

정치를 외면한 국민의 가장 큰 대가는
가장 저질스러운 자의 지배를 받게 된다는 것이다.

_플라톤

신전을 내려오면서 고대의 유적을 복원시킨 박물관을 볼 수 있었다. 박물관에는 그 당시의 생활을 알 수 있는 유적과 10개 부족에서 대표를 뽑을 때 사용되는 비석과 도편제에 사용되었던 명패 도자기를 볼 수 있었다.

도편제는 아테네 민주주의의 상징인 제도다. 즉 시민의 의사를 직접 반영하는 현대의 지도층 탄핵제도이다.

> 박물관 외부 아탈로스

> 대표자를 제비뽑기로 선출할 때 사용한 비석 | 명패를 끼워놓으면
해당 줄에 걸린 사람이 선발됨

> 도편제에 사용된 깨어진 도자기 파편

당시 민주주의 절차로 공적을 쌓은 전쟁영웅이라도 민주적인 절차를 위반하거나 독재가능성 있는 위험인물은 도자기 파편, 즉 도편에 적어내어 추방하는 제도였다.

민회에 참여한 시민의 투표결과 6,000표 이상 나온 사람은 10년 동안 국외로 추방시켰다고 한다. 비록 여성이나 노예, 그리고 이주온 사람은 시민권이 없어 투표할 수 없는 불완전한 민주주의였지만 민주주의 기초를 다졌다는 점은 놀라운 일이다.

특히 대표들은 선거로 뽑지 않고 누구나 자격이 있었기에 추첨에서 결정된 사람이 대표가 되었다. 자유시민이면 어떤 사람도 능력과 의무가 있었기에 대표가 될 수 있다는 사실에 다시 한번 놀랐다.

현대에 오면서 인구 증가 및 관리지역 확대로 시민의 대표를 뽑을 수밖에 없는 대의 민주주의의가 출현하게 된다. 그러나 선출된 대표들이 독재나 권위주의, 일부 정치가들만으로 운영될 수 있다는 사실은 국민 관심에서 계속 멀어지는 계기가 된다.

2,500년 전 아테네 모든 시민은 전원 참여하여 각자가 국회의원이나 재판관처럼 직접 국가운영에 참여해 왔다는 사실이다.

오늘날 우리는 정치 뉴스에만 민감할 뿐 현실적인 정당정치나 민주주의 제도에 참여하지 않는다.

> 아고라 광장 터에서

> 디오니소스 극장

오랜 시간을 넘어 아테네 시민들은 우리에게 민주주의의 가야 할 방향을 제시해주는 것은 아닐까?

박물관을 지나 내려오면 지금은 폐허만 남아있는 아고라 광장이 보인다. 아고라는 '모이다'라는 그리스 동사에서 나온 말로 민회가 열리는 장소, 즉 '시장'을 뜻했다.

고대 아테네 시민들이 서로 만나 정치를 논하고 장사를 하고 제사를 드리고 논쟁을 벌이던 곳이다. 아고라는 아테네 민주정치의 현장이었다. 정치 참여권을 지닌 아테네 시민은 아고라 광장에 모여 토론을 하고, 정책 결정을 함께했다.

아테네 민주정치를 지탱하는 주요기관은 4곳이었다. 법안을 표결하는 민회와 입법기관인 500인 평의회, 사법판결을 내리는 민중법원과 집행하는 행정직공무원으로 구성되어 있었다.

특히 놀라웠던 것은 아테네의 500인평의회, 배심원, 행정관을 선거로 뽑지 않고 추첨으로 하는 과정이었다. 그 이유로 선거에 의할 때 엄청난 선거비용을 쓰는 부자들이 독점하기에 추첨에 의해 무작위로 선발하는 과정으로 나아갔다는 점이다.

더욱이 민주적으로 선출된 행정관이라도 부패할 수 있기에 탄핵할 수 있는 독립적인 사법개혁이 도입된 것이다.

또한 아고라에는 시민들의 재판을 담당했던 시민법정이 있었다.

즉 행정관의 법적 권한 제한과 함께 도입된 배심원 제도다.

배심원단은 총 6,000명으로 구성되고 배심원은 사회 각계각층의 30세 이상 남자 시민 중에서 무작위 추첨으로 뽑혔다. 기원전 4세기 초에는 재판이 열리면 그날 참여한 배심원들 중에서 즉석 추첨하여 부정행위를 차단하였다.

중요한 것은 아테네에서 재판을 담당한 것이 직업적인 판사, 변호사, 검사가 아니라 배심원단으로 선출된 일반 시민들이었다는 점이다.

어떤 특정 재판에 배심원으로 뽑히는 것은 모두 추첨에 의해 처리되었고, 배심원들은 보통 사람들의 상식적인 판단에 따라 재판을 했다. 고소한 당사자가 직접 나와서 고소 이유를 밝히고 형량을 제시하기도 했다.

고소당한 피고도 자신이 직접 출두하여 스스로 변론을 했다. 재판은 보통 하루 안에 끝났으며, 시민법정이 최종심이므로 아테네 재판은 단심제였다.

우리나라도 배심원제와 관련 2012년부터 국민 참여 재판제도가 도입되었다. 국민 참여 재판제도는 국민주권주의를 실현한다는 원리 아래, 재판에 대한 국민 불신 해소를 위해 도입되었다.

현재는 형사재판 참여에 관한 법률에서 규정하고 있는 범죄사건에 대하여 피고인이 원하는 경우에만 적용되고 있다.

이처럼 아테네 민주주의는 선거가 아니라 시민의 주체적인 참여가 핵심이다. 개개인이 통치 대상이 아니라 스스로를 통치하는 것이기에 시민 개개인 역할과 능력이 더욱 더 중요하다.

아테네 민주주의를 바라보며 우리가 자유와 평등의 성숙한 민주시민으로서의 자격이 있는지 되물어 본다.

스티브 잡스 **Steven Paul Jobs**

소크라테스와 점심을 할 수 있다면
애플이 가지고 있는 모든 기술을
그것과 바꾸겠다.

소크라테스의 변명 – 민주주의의 한계(중우정치)

플라톤 **《소크라테스의 변명》**

"나는 여러분에게 복종하기보다는 오히려 신에게 복종할 것이다. 즉 나의 목숨이 붙어 있는 한 결코 지(知)를 사랑하고 추구하는 일을 그만두지 않을 것이다."

> 그리스 예술원 앞 플라톤 동상

플라톤이 저술한 《소크라테스의 변명》은 낯설고 어려워 읽기 힘든 책이다. 여행 중 소크라테스의 감옥을 보고 나니 호기심이 생겨 책을 읽어보았다.

소크라테스는 기원전 399년에 멜레토스 등 3인의 아테네 시민에 의해 고발되었다. 죄명은 폴리스가 인정하는 신들을 믿지 않고 다른 새로운 신성을 끌어들임으로써 청년들을 타락시켰기에 사형을 요구한다는 내용이었다.

재판은 501명의 배심원이 담당했다. 소크라테스는 자기야말로 참으로 청년들을 교육하는 아테네의 양심이라는 것을 진술하고, 폴리스의 신들을 믿지 않는다는 비난은 중상모략이라고 변호했다. 그러나 배심원들은 281표 대 220표로 그의 유죄를 인정했다.

책은 소크라테스의 고발과 판결 그리고 사형에 이르는 과정을 표현하였고 마지막으로 죽음을 앞둔 소크라테스 자신의 치열하고도 경건한 철학정신을 보여준다.

소크라테스는 왜 사형판결을 받아야 했는가는 그 때의 시대적 배경을 살펴볼 필요가 있다.

당시는 스파르타와의 펠로폰네소스 전쟁에서 참패하고 상처받은 시민들은 감정적으로 무언가 희생양을 찾고 있을 때였다.

소크라테스는 상처받은 시민들을 감정적으로 위로하기보다 대중

> 소크라테스 감옥 | 필리파포스 언덕 밑

의 감정을 이용하고 영합하는 정치가들을 비판하면서 당당하게 자신이 무죄임을 주장했던 것이다.

플라톤은 대중에게 권력을 주었을 때 감정에 치우친 무지한 시민의 투표로 나타나는 민주주의 한계를 보았다. 또한 이를 통해 스승이 죽음에 이르는 과정을 보았다.

민주주의 제도는 다수결을 존중하는 제도이지만 다수의 의견이 여러 변수로 인해 항상 옳은 것은 아닐 것이다.

이성적 사고로 현명히 판단하여 소수의 의견을 존중하면서 다수의 의견을 실현해야 한다.

특히 민주시민의 교육을 통하여 감정보다 개개인의 사실에 근거한 올바른 판단을 내릴 수 있도록 모두가 노력하여야 할 것이다.

어떤 정치제도도 최상은 없는 것 같다.
모두가 참여하되 지도자가 모범이 되는 사회면 더 좋을 것이다.
언제나 민주시민의 자격을 높이는 자유와 평등에 대한 교육과 다양한 정치 참여는 필요불가결한 일이다.

> 제우스 신전과 뒤로 보이는 파르테논 신전

신앙의 자유를 찾아서 – 메테오라 수도원

감옥과 수도원의 공통점은 세상과 고립되어 있다는 점이다. 그러나 차이가 있다면 불평을 하느냐, 감사를 하느냐 그 차이뿐이다. 감옥이라도 감사를 하면 수도원이 될 수 있다.

_마쓰시타 고노스케

'메테오라'는 그리스어로 공중에 떠 있다는 뜻이다. 그 뜻만큼 아테네에서 메테오라로 가는 길은 멀고 험했다. 저녁에 승차한 기차는 그리스 북쪽에 있는 험준한 산들을 넘어 계속 앞으로 나아갔다.

> 메테오라 수도원

기차를 타고 5시간을 달려 늦은 밤 메테오라가 있는 카람바카에 도착했다. 이곳은 1988년에 유네스코가 세계복합유산으로 지정하였다.

수도원 건물이 건축된 것은 14세기부터다. 비잔틴 제국이 쇠퇴하면서 적대세력인 튀르크 족에 쫓기어 안전한 곳을 찾다가, 고립된 이곳 칼람바카 바위산에 작은 공동체를 이루었던 게 시초인 것 같다.

가이드 말로는 수도원 봉우리까지는 적들의 대포가 도달하지 않는다고 한다. 이곳 수도사들은 사람들이 접근하기 어려운 500m 이상의 수직봉우리 절벽 밑에서 밧줄을 타야 겨우 올라가는 곳에 수도원을 짓고 신의 뜻을 찾고자 했다.

공중에 위치한 수도원은 활동할 수 있는 공간이 좁았다. 자칫 실수가 있다면 절벽 아래로 떨어지게 된다.

수도원은 그 자체로 하나의 공동생활체였다. 그곳에는 조그만 예배당과 벽에 그려진 성화, 무덤, 부엌이 있었다.

특히 시선을 끈 것은 수도사들 무덤이었다. 무덤은 지나다니는 벽쪽 조그만 방에 수도사의 해골이 위아래의 선반에 일렬로 배치되어 있었다. 조그만 구멍으로 죽음의 흔적을 바라보면서 삶의 무상함이 떠올랐다.

절대 고립된 수도원 생활과 극도의 단순한 생활 속에서 신의 뜻을 묻고 찾는 그들의 모습을 본다. 그들은 편리한 문명에 둘러싸여 물질적 욕구를 쫓아가는 현대 종교인들에게 신앙인으로서 참 모습이 무언가 알려주는 것 같다.

고립된 수도원 정상에 서서 멀리 카람바카 마을을 바라보며 다짐해본다. 어떠한 자유도 진정성 있게 추구한다는 것은 쉽지 않다. 일상에서 게으른 자신을 깨우는 절제와 이기심을 넘어서는 사랑과 용기가 필요하다.

그러할 때 내 좁은 자아를 넘어, 이웃을 더 사랑하게 될 것이다. 나아가 나를 필요로 하는 나눔으로 사회가 조금 더 나아질 것이라 믿는다. 그때 나 자신의 세계에서 벗어나 자유로운 항해를 계속할 수 있을 것이다.

> 수도원 내 묘지

> 수도원 오르는 길

> 수도원의 도르래

자유인 '그리스인 조르바'를 회상하며

I hope for nothing.
I fear nothing
I am free.

나는 아무것도 바라지 않는다.
나는 아무것도 두렵지 않다.
나는 자유다.

_ 니코스 카잔차키스의 묘비명

"처음부터 분명히 말해 놓겠는데, 마음이 내켜야 해요. 분명히 해둡시다. 나한테 윽박지르면 그때는 끝장이에요. 결국 당신은 내가 인간이라는 걸 인정해야 한다는 것입니다"

"인간이라니 무슨 뜻이지요?"

"자유라는 거지!"

_《그리스인 조르바》 중

《그리스인 조르바》는 자유의지 수호자인 니코스 카잔차키스의 대표작이다. 여행을 다녀온 후에 다시 한번 그의 책을 읽었다.

작가인 그는 1883년 터키 지배하 그리스 크레타 섬에서 태어났다. 그가 영혼의 자서전에서도 고백했듯이 그의 삶을 풍부하게 한 것은 여행과 꿈이었다고 한다.

이러한 여행과 꿈이 《그리스인 조르바》 등 작품을 통해서 우리를 두려움에서 벗어나 더 자유롭게 살라고 말하고 있는 것이다. 두려움에 대해 그는 말한다. '개나 물어가라지'라고.

특히 탄광사업 등 모든 일이 실패로 돌아간 순간 절망감과 분노가 아닌 춤을 추는 모습에서 해방감과 자유를 느끼는 그를 보게 된다. 운명이 아무리 폭풍 속으로 밀어 넣어도 내 운명의 주인은 나이기에 일어서는 모습을 보여주는 것이다.

작가의 묘비에 새겨진 3가지 말을 생각하면서 다짐해본다.

먼저 지나치게 원하는 욕심을 버려야겠다.
불안은 욕망의 시녀란 말이 있다. 불안의 시작이기에 지나친 바램과 타인에게 인정받으려는 마음을 버려야겠다. 원하지 않으면 마음의 불안도 없을 것이다.

둘째 지나치게 두려워하는 마음도 버려야겠다.
두려워하는 것은 불안을 일으키는 사실이 아니라 대상에 대한 상상이자 환상일 뿐이다. 상상은 단지 내 뇌속의 작용일 뿐이다. 두려움의 실체를 있는 그대로 바라보아야겠다. 두려움이 없어질 때 선택은 자연스러워 질 것이다.

셋째 "나는 자유다."라는 당연한 사실을 즐겨야겠다.
세계는 나의 투영이란 말이 있다. 내가 없으면 내가 선택할 수 있는 세계도 없다. 내가 있기에 매순간 모든 것을 선택할 수 있는 자유가 있다. 나를 속박하는 것으로부터 저항하는 자유와 내가 진정으로 하고 싶은 것을 지금 할 수 있기에 말이다.

끝으로 일상에 몰입하는 자유인 조르바의 말을 인용하며 마친다.

나는 어제 일어난 일은 생각 안 합니다.
내일 일어날 일을 자문하지도 않아요. 내게 중요한 것은 오늘 이 순간에 일어나는 일입니다. 나는 자신에게 묻지요.

'조르바, 지금 이 순간에 자네 뭐 하는가?'

'일하고 있네.'

'잘해 보게.'

> 《그리스인 조르바》 책과 CD

> 에게해를 바라보다

영국 – 의회 민주주의의 발상지

정부가 국민을 소유하는 것이 아니고
국민이 정부를 소유하는 나라라면
어느 나라든 환영한다.

_처칠 (영국의 수상)

갈등을 해결하는 장소 – 국회의사당을 보며

9월 초 영국 아침 햇빛은 따사했다. 출근 시간대에 지하철로 이동하다 보니 지하철 안은 사람들로 가득 찼다. 국회의사당이 있는 웨스터민스터 지하철역에서 내려 지상으로 올라갔다.

바로 시선을 가득 채운 것은 왼쪽 국회의사당과 오른쪽 웨스터민스터 사원이다. 국회의사당 쪽으로 걸어가는 길에 영국의 수상이었던 처칠의 동상이 보인다.

> 처칠의 동상

국회의사당 앞에 섰다. 최초로 의회 민주주의를 발달시킨 영국의 상징이다. 원래 1050년부터 웨스트민스터 궁전이었다가, 16세기부터 국민의 대표인 의회가 열리고 있다.

건물은 네오고딕 양식으로 길이 265m, 방 1,000개, 면적 3만3천㎡(만 평)이다. 우리나라 여의도 국회의사당 면적인 2만4천 평과 비교한다면 건물 전체 면적도 작고 의사당 건물을 한 바퀴 돌아보기에는 10분이면 될 듯하다.

상원에는 영국 왕실을 상징하는 진홍색 소파가 있다. 남쪽 끝에는 왕이 앉는 자리가 있으며, 벽에는 마그나카르타에 서명한 귀족 18명의 흉상이 있다.

하원에는 초록색 긴 소파가 있고 가운데가 의장석이다. 양탄자는 초록색이며 붉은 선이 좌우로 그어져 있는데 회의가 진행 중일 때는 이 선을 넘으면 안 된다.

특히 대중에게 인기 있는 것은 수상과의 토론중계라고 한다. 매주 수요일 낮 12시부터 영국 수상과 의원 간 질의 응답 내용이 BBC TV에 중계된다. 이때 야당 의원은 무엇이든지 자유롭게 질문하고, 수상은 답해야 한다.

재미있는 점은 200명 정도의 의원이 아주 좁은 공간에서 여당, 야당으로 나뉘어 서로를 마주 보며 앉아 토론하는 것이다.

> 상하원의 회의 분위기

여행을 다녀온 뒤 TV토론 모습을 검색해보니 역동적인 토론 모습이 보인다. 토론 분위기는 자기 당수가 이야기하면 뒤의 의원들 모두 환호나 동의를 표출하고, 상대 당수는 야유와 조롱 남발하는 축구장과 흡사한 모습이었다.

갈등은 민주주의 발전의 필수 엔진이라고 한다. 영국에서 절대 왕권을 유지하고자 했던 왕과 의회와의 수없이 지속된 갈등을 해결하는 과정에서 의회 민주주의는 더 원숙하게 성장했던 것 같다.

우리나라도 대통령이나 장관을 이렇게 세워놓고 현안이나 정책적인 질의가 있을 때 영국처럼 방송하면 어떨까 생각해본다.

어쩌면 우리도 사회적으로 발생하는 여러 갈등에 대하여 불만보다는 논쟁과 타협을 통해서 해결해가는 민주적 절차가 필요한 게 아닌가 싶다.

국회의사당에서 의원들의 회의하는 모습이 보고 싶었지만, 방문일에 회의 일정이 없어 의사당 건물을 보는 것으로 만족해야 했다.

1832년부터 민주주의 선거의 역사를 가진 영국. 최근의 영국은 선거 투표율을 높이기 위해 2002년부터 시민교육을 국가교육 과정에 필수과목으로 선정하였다.

이러한 적극적 관심과 참여가 있기에 의회 민주주의를 통한 안정된 정치기반을 이루었고 해가 지지 않는 대영제국을 이루는 역사를 만들었을 것이다.

남은 3일간 영국을 더 가까이 바라보아야겠다. 책과 사진으로만 이해했던 전통을 중시하는 합리적 사고와 생활 속 민주주의에 대하여 배워야겠다.

국회의사당을 바라보는 민주주의 상징들

국회의사당을 바라보며 건물 옆 도로를 계속 걸었다. 걷다 보니 청교도 혁명을 일으킨 크롬웰 동상이 보인다.

청교도 혁명은 왕권신수설을 내세운 전제적 군주와 의회주도의 정치체제를 추구한 의회파 사이 정치적 갈등이었다. 전쟁 끝에 결국 1649년 찰스 1세가 참수되면서 잠시 공화국이 되었으나 그가 사망하고 나서 1660년에 소집된 의회는 다시 왕정을 선택하게 된다.

국회의사당 내에 독재적 군주를 참수시키는 칼을 찬 크롬웰 동상의 모습은 의회 중심의 민주주의 역사를 다시 돌아보게 만든다.

국회의사당과 붙어있는 템스 강 서쪽 공원에는 민주주의를 위해 희생한 여러 평범한 사람들의 동상을 볼 수 있었다. 먼저 여성의 선거권을 위해 싸운 여성 운동가의 동상이 보였다.

> **올리버 크롬웰(1599-1658)의 동상**

우리들 여성 참정권론자들은 막중한 임무를 갖고 있다. 아마도 이 세상에서 가장 중대한 임무일 것이다. 그 임무란 바로 인류의 절반을 해방시키는 것이다. 그리고 그 해방을 통해서 인류의 나머지 절반을 구하는 것이다.

_에멀린 팽크허스트 (1912년 '여성의 투표권' 연설에서)

민주주의 선거권과 관련하여 지금은 당연한 권리인 여성 참정권(선거권과 피선거권) 역사는 150년이 채 되지 못한다.

남성 선거권이 부르주아 계급에서 노동자 계급까지, 백인에서 흑인으로 지속적으로 확대되었음에도, 여성 선거권은 19세기에도 여전히 제외된 상태였다. 가부장제 하에서 여성은 가정주부로서 역할만이 강조되었다.

> 여성 선거권을 위해 싸운 팽크허스트의 동상

1차 세계대전을 계기로 여성들이 전쟁에 협력하고, 1918년에 영국 정부는 30세 이상의 여성에게 참정권을 허용하고, 1928년 21세 이상의 모든 여성에게 참정권을 허용한다.

이러한 여성 운동을 이끈 팽크허스트는 법안이 통과되기 일주일 전에 눈을 감았다고 한다.

우리는 1948년 제정헌법에서 남녀의 평등한 참정권이 인정되었다. 당연한 권리로 알기 이전에 그동안 수많은 여성 운동가의 투쟁과 희생이 있었음을 잊지 말아야 한다.

국회의사당을 시계 반대 방향으로 계속 돌다 보면 정원 앞에 프랑스조각가 로댕이 칼레의 시민 일화를 형상화한 작품이 보인다.

> 칼레의 시민 동상

이 동상은 영국과 프랑스의 100년 전쟁 시 영국에게 패한 후 프랑스 칼레시민 모두를 대신하여 스스로 목숨을 바친 영웅적 시민 6명의 모습이다.

자세히 개개인의 얼굴 모습을 살펴보면 영웅의 모습이 아닌 칼레시에 대한 헌신과 죽음에 대한 공포 사이에서 고민하는 인간적 고뇌의 모습이 생생하게 묘사되어 있었다.

이는 오늘날 지도층과 부유한 자들의 도덕적 의무를 가리키는 '노블레스 오블리주'의 전형적 사례로 꼽히고 있다. 그리고 공원의 중간쯤에는 흑인 해방운동을 기리는 기념탑도 보였다.

> 흑인 노예 해방 기념탑

이렇게 국회의사당을 에워싸고 있는 동상과 기념탑들은 의사당 내 국회의원들과 영국 시민들에게 말하는 것처럼 보인다.

개인의 자유와 평등을 추구하고자 했던 여성, 흑인, 무명용사 등 사회적 약자를 잊지 말라고. 더욱이 지도층들이 먼저 솔선수범하고 명예를 지키라고.

'내가 카이사르를 덜 사랑했기 때문이 아니라 로마를 더 사랑했기 때문입니다. 여러분은 카이사르가 죽고 만인이 자유롭게 사는 것보다 카이사르가 살고 만인이 노예의 죽음을 당하는 것을 원하시오?'

_셰익스피어 (《줄리어스 시이저》 중)

> 셰익스피어 극장 내부 관람객들

정치 발전에서 – 영국 문화의 힘으로
'셰익스피어에서 해리포터까지'

'셰익스피어는 인도와도 바꿀 수 없다.'

_토마스 칼라일 (영국의 역사가)

셰익스피어는 영국이 낳은 세계적인 문학가이다. 토마스 칼라일의 말은 식민지 인도의 경제적 가치보다는 셰익스피어의 정신적 가치가 더 중요하다는 것을 말해 준다.

이번 일정에서 셰익스피어 유물과 연극 무대가 있다는 셰익스피어극장에 가보고 싶었다. 짬을 내서 영국으로 가는 비행기에서 문학작품을 영화화한 《맥베스》(2015년 제작)를 보았다.

줄거리는 스코틀랜드의 역사적 전쟁 속에서 맥베스의 권력에 대한 욕망과 두려움을 나타내고 있다. 영화를 보는 내내 각각의 장면에서 개개인이 말하는 대사 하나하나가 시적인 이야기였기에 고뇌에 찬 맥베스의 모습을 공감했다.

셰익스피어는 1564년에 태어나 33편의 작품을 남긴다. 1599년 템스 강(江) 남쪽에 글로브극장(The Globe)을 신축하고 제임스 1세의 허락을 받아 극단 명을 '임금님 극단(King's Men)'이라 개칭하였다.

> 셰익스피어 극장 입구와 무대 모형

방문한 글로브극장은 1599년에 세워진 이래 무방비로 방치돼 있던 것을 영국 정부가 4백 년 전 모습 그대로 복원하였다.

전시관에는 1,500년 전후로 공연한 연극 작품에 사용했던 당시의 건물과 의상, 공연장 등이 있었다.

방문한 날에는 공연이 없어 전시관만 관람할 수 있었다. 공연 관람을 희망한다면 인터넷을 검색하여 일정에 맞추어 가면 된다. 셰익스피어의 4대 비극 및 여러 작품을 500년 전 극장을 재현한 무대 앞에서 볼 수 있을 것이다.

무려 5백 년 전부터 문학작품이 무대에 오르고 일반 관객이 보면서 교류했다하니 놀라울 따름이다.

이러한 문화적 기반하에 꾸준히 흘러온 영국 문학의 힘이 해리포터나 런던 뮤지컬을 만들었고 세계인들의 사랑을 받게 되는 것이다.

'해리포터' 등 영국 문학의 성공 배경

1997년 영국에서 처음 나와 세계적 베스트셀러가 된 '해리포터' 시리즈가 출판 20주년을 맞이했다. 총 7권으로 구성된 '해리포터' 시리즈는 지금까지 전 세계 79개 언어로 번역돼 총 4억 5,000만 부 이상이 팔렸다.

한국에서도 1,500만 부 이상이 판매되었다. 영화 '해리포터' 시리즈의 전 세계 박스오피스 수입이 77억 달러(약 8조 6,240억 원)에 이를 정도로 영화로도 크게 성공했다.

> 현대의 '해리포터' 극장

그러나 처음에 작가인 조앤 롤링의 원고는 수많은 출판사에서 거절당했다. 그럼에도 단순한 경제 논리에 따른 이익보다는 작가의 상상력을 존중하는 영국 문화가 있기에 작품은 살아났고 세계적인 공감을 얻게 된다.

또한, 영국의 지하철이나 기차역 내에는 가장 좋은 위치에 서점이 있는 것을 볼 수 있다. 서점 내에는 항시 사람들이 서서 책을 읽거나 산다. 지하철 내에서는 스마트폰을 보는 사람보다는 문고판 책을 읽고 있는 사람이 보인다.

바쁜 현대 사회이지만 책을 읽는 습관과 셰익스피어 문학이 융합되면서 해리포터나 유명한 뮤지컬이 탄생하고 활성화되었다.

문학의 번영은 쉽게 이루어지지 않는다. 어쩌면 몇 백 년의 세월이 흘렀음에도 셰익스피어가 세계적인 대문호로 지속되는 것은 영국의 일관된 문화 정책이라는 얘기도 들었다.

> 시내 중심 공원의 셰익스피어 동상

우리나라의 '케이팝(K-POP)'이나 '대장금' 같은 문화들이 오랫동안 생존하고 번영하려면, 영국처럼 총체적이고 지속적 정책추진이 필요하다.

셰익스피어에서 '해리포터'까지 영국 문화의 힘은 단순한 물질보다는 개인의 정체성을 굳건히 하고 국민의 의식 수준을 높인다.

이러한 인간의 자유와 평등을 높이는 의식이 영국 국민을 민주주의의 주권자로 만드는 것이다.

끝으로 《맥베스》에서 그의 왕비가 죽을 때에 대사로 끝을 맺고자 한다.

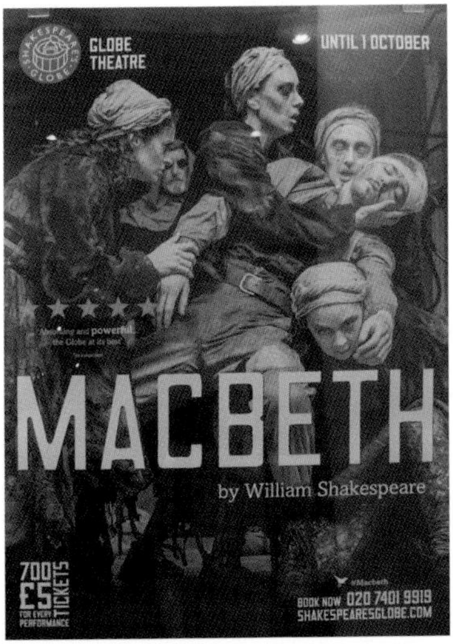

> 셰익스피어 극장 내 《맥베스》 포스터

인생은 한낱 걸어가는
그림자에 불과한 것
제 시간이 되면 무대에서 뽐내며
시끄럽게 떠들지만
어느덧 사라져
더는 들리지 않는구나!
그것은 바보가 지껄이는 이야기
소음과 광기로 가득 차 있으니
아무런 의미도 없구나!

> 파르테논 신전을 연상시키는 대영박물관

박물관 기증 - 지도층의 노블레스 오블리주

대영박물관은 시내 중심부 호텔에서 걸어서 10분 거리에 있었다. 가로수 길을 지나 입구에서 박물관을 바라보면 아테네 파르테논 신전이 연상된다.

세계 3대 박물관 중 하나인 대영박물관은 매년 600만 명이 찾는다. 소장 작품들은 7백만 점이 넘어 자세히 보려면 며칠 걸린다고 한다. 이러한 박물관 소장품들은 인간 역사와 문화가치를 평가하여 선정된 것으로 세계 각 지역과 시대를 대표하는 작품들이다.

이러한 박물관 내 수많은 소장품은 과학자 한스 슬론과 수많은 기부자를 통해 모이게 되었다. 대영박물관이 일반인에게 공개되기 시작한 것은 1759년부터이다.

박물관 내에는 세계의 역사와 문화별로 주요한 유적과 소장품이 전시실마다 가득 있다. 지면 관계상 로제타 스톤과 파르테논 신전 장식품만을 소개하고자 한다.

로제타 스톤 주위에는 항상 많은 사람으로 둘러싸여 있다. 로제타 스톤(Rosetta Stone)은 이집트 상형문자, 민간문자, 그리스어로 새겨져 고대 이집트 상형문자 해독의 단초를 제공한 바 돌 위로 3개의 언어가 깨알같이 적혀 있었다.

아테네 전시실에는 파르테논 신전의 위 상단에서 떼어온 부조작품들을 전시한 방도 있었다. 각각의 부조상들이 살아있는 듯 정교한 모습이라 2,500년 전 작품이라고 믿기 어려웠다.

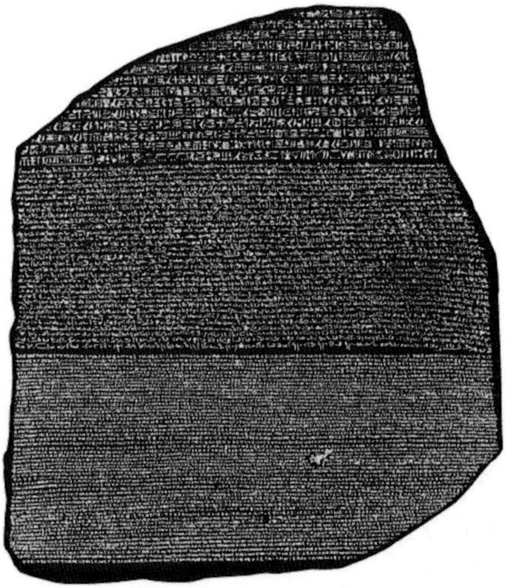

> 이집트 상형문자 해독의 단초를 제공한 로제타 스톤

전시된 모든 유적지를 본다면 3~4일의 일정을 내야 한다. 나는 일정상 런던박물관을 나와 회화 박물관인 내셔낼 갤러리로 향했다.

1824년 개관한 내셔낼 갤러리는 개인 수집가가 기증한 미술관이다. 영국박물관처럼 은행가 존 앵거스타인의 소장품 36점을 영국 정부에서 구입하여 공개함으로써 시작되었다.

레오나르도 다빈치 등 13세기 중반에서 20세기 초까지 유럽의 회화 약 2,300여 점 작품을 소장하고 있다. 공간별로 중세부터 초기 르네상스 작품과 17세기 이후 작품과 18세기 이후 작품을 전시하고 있다.

다른 나라의 박물관과 달리 내셔낼 갤러리도 무료이기에 전문 가이드를 통한 작품에 대한 배움은 필수이다.

> 내셔낼 갤러리 전경

가이드가 작품마다 상세한 역사적 배경을 말해주니 그림의 의미가 더욱 다가오는 듯했다. 작품에 대해 사진을 찍을 수 있어서 좋았지만 저작권 때문에 책 속에 소개할 수 없음은 안타까운 일이다.

> 대영박물관 내 그리스 유적들

런던에는 대영박물관처럼 세계적으로 유명한 박물관과 미술관들이 많지만 모두 무료이다. 다른 나라들은 박물관이나 성당마다 3만 원 이상 입장료를 받기에 관광객 입장에서는 마음편히 관람하기가 어렵다.

또 하나 조용하면서도 훌륭한 작품을 볼 수 있는 곳으로 추천한다면 다른 박물관처럼 입장료가 무료인 웰리스 컬렉션 박물관이다.

> 웰리스 컬렉션 입구에서

전시실 자체가 하나의 작품 같은 곳으로 거장들의 회화 작품, 가구, 도자기, 무기 등이 조화롭게 배치되어 있다. 아직 잘 알려지지 않아 사람이 많지 않지만 가본다면 절대 후회하지 않는 곳이다.

> 웰리스 컬렉션 내부

이 모든 박물관과 미술관이 기증과 기부에 의해 시작되고 운영된다고 하니 영국에서는 부유하고 지도층에 있는 사람들의 작품 기여가 명예인 것 같았다.

이처럼 의회 민주주의의 요람인 영국에 아직까지 귀족이 존재하는 것은 귀족의 의무를 다하는 노블레스 오블리주의 정신이 있기에 가능한 일이다.

그와 달리 우리나라의 재벌과 지도층들은 상속세 절감이나 개인적인 이익 목적으로 문화 재단을 설립하고 남에게 보여주기 위한 문화나 자선 행사에 치중하는 경향이 있다.

우리나라의 지도층과 부유한 사람들도 진정으로 존경받으려면 이에 대한 각성과 정성 있는 기증 문화가 필요한 것은 아닐까 생각해본다.

런던을 돌아보며 - 안정된 정치는 참여하는 시민의식에서

벌써 런던에서 5일을 보냈다. 50대 중반 배낭여행이고 남자의 자존심을 내세우다 보면 때로는 갈 곳을 정확히 못 찾는 때도 있었다. 볼 것은 많고 시간은 적었기에 가기 전에 꼭 봐야 할 것은 일정별 메모가 필요하다고 느낀다.

출발 전에 여행과 관련해서 나만의 팁을 간략히 적어본다. 배낭여행을 준비하는 친구들에게 참고 차원에서 간략히 정리해 보고자 한다. 항공권과 호텔은 익스피디아 앱으로 예약했다.

> 구글지도에 즐겨찾기

런던 시내에서 목적지를 이동할 때는 우리나라의 티맵이나 다음 지도처럼 구글 지도의 도움을 받았다.

사전에 구글 지도에 관광지와 식당 등을 즐겨찾기를 해두었던 것이 도움이 되었다. 특히 현재 위치에서 목적지로 이동 시에 도보 시간과 다양한 버스 이동 노선, 지하철 노선을 볼 수 있어 더욱 편리했다.

책도 가볍게 하려고 핸드폰에 파일로 받아서 갔다. 관광지에서 필요한 예약은 핸드폰으로 해도 됐다. 입금의 경우는 필요한 곳으로 계좌이체도 되니 여행하기는 더 편리했다.

앞으로도 모바일 폰을 적절히 사용할 수만 있으면 세계 어디를 가도 불안감을 덜 느끼면서 여행할 수 있다는 자신감도 생겼다.

그러나 여행을 하다 보면 아무리 준비를 철저히 해도 문제는 항상 발생하기 마련이다. 시시각각으로 변하는 현지 상황과 다른 언어로 인해 의사소통에 오해도 발생한다. 신체적 언어로는 한계가 있기에 말이다.

발생하는 문제 해결의 기본은 문제는 항상 발생한다고 인정하는 것이다. 상황을 인정하면 더 큰 문제가 발생할 확률은 줄어든다.

예를 들어 길을 잃었을 때는 가던 길로 계속 가려 하지 말고 생각과 행동을 잠시 멈추고 주위의 도움을 청해보는 것이다. 이어서 너무 많이 보려 욕심부리지 않는 것이다.

다만 보고 싶은 대상에 대해서 용기 있게 도전하는 것이 나중에

후회가 없을 것이다.

시간은 한정되어 있고 영국은 넓다.
다소 주관적인 정보이지만 며칠 머무를 때 참고하면 좋겠다.

첫째 날에는 늦게 도착하는 것에 대비하여 도착역 주변에 숙소를 예약하는 것이 좋다. 짐을 풀고 숙소 주변을 돌아보며 차나 맥주를 한잔하며 분위기를 즐기는 것이 좋다.

둘째 날은 국회의사당과 버킹엄 궁전 그리고 시내 중심거리를 돌아다니는 것이 좋다. 영국의 역사 유적지와 주요 시내를 유로 자전거 나라의 일일 투어를 신청하여 전문적인 가이드와 함께했다.

저녁에는 시내 레스터 스퀘어 광장에서 예매한 뮤지컬 표로 뮤지컬을 보았다. 다양한 작품이 있기에 각자의 취향대로 관람하면 된다.

셋째 날에는 런던을 대표하는 세인트 폴 성당을 시작으로 동쪽의 런던탑과 타워브릿지를 거쳐 유서 깊은 셰익스피어극장을 찾았다.

세인트 폴 성당

중세 르네상스 양식으로
서민들과 함께 호흡해 온 성당

> 버킹엄궁 앞 의장대

> 웨스터민스터 사원 | 대관식 및 결혼식 장소

> 영화 《노팅힐》에 나오는 노팅힐 서점

영국 문학과 연극에 관심 있는 사람은 셰익스피어 극장은 필수적으로 가보았으면 한다.

넷째 날에는 대영박물관과 내셔널 갤러리를 보았고 오후에는 영국 사람들이 살고 싶어 하는 지역인 노팅힐을 거닐었다. 영화 《노팅힐》에 나오는 노팅힐 거리에는 런던 시민들이 생활하는 주택과 상점, 마켓들을 볼 수 있다.

노팅힐은 영화에서 보는 것처럼 가볍게 산책하기 좋은 동네이다. 영화 속 주인공처럼 주변을 어슬렁거리다 대문에 기대어도 보고, 책방에 들어가 책을 고르는 것은 영화 속 주인공이 된 기분을 느끼게 한다.

떠나는 날은 길거리 카페에서 차 한잔하며 역사가 숨쉬는 국회의사당 부근을 다시 걸어 보았다.

해가 지지 않았던 강대국 대영제국!
이러한 대영제국을 이루게 했던 국가 경쟁력은 안정된 정치체제에서 시작되었을 것이다.

정치가 안정되면서 기초 학문인 과학과 문화가 융성하게 된다. 과학적 사고를 지닌 사람이 많아지면서 증기기관이 발명되고 산업혁명으로 연결된다. 즉 수작업 체제에서 공장의 대량생산으로 발전되면서 세계의 공장으로 출발하게 되는 것이다.

문화에서도 셰익스피어를 기원으로 '해리포터'와 뮤지컬로 이어지고 비틀즈 같은 세계적 가수도 출현하게 된다.

> 영국의 차 문화 | 오후에는 항상 티타임

무엇보다 안정된 정치체제를 가능하게 했던 힘은 무엇이었을까? 당연히 800년에 거쳐 상호 간에 존중하고 소통하는 의회 민주주의가 있기에 가능한 일이다.

의회 민주주의 뒤에는 무엇보다 자유와 평등을 향한 높은 시민의식과 선거에 적극 참여하는 영국국민이 있다. 갈등을 대화와 협치로 넘어서는 전통의 영국 국민이 있는 한 영국의 민주주의는 언제나 발전할 것이다.

> 런던 브릿지 | 1894년에 완성된 현수교로 템스 강 상류의 도개교

독일

- 역사의 반성에서 민주주의를 새로 쓰다

국민은 자신들이 자유롭다고 생각하는데,
이들은 잘못 생각해도 한참 잘못 생각하는 것이다.
이들이 자유로울 수 있는 건
단지 의회 구성원을 뽑는 선거 기간뿐이다.
일단 의원이 선출되는 즉시
국민은 노예가 되어버린다.

_장자크 루소 (18세기 프랑스의 사상가)

법치주의 상징 – 정의의 여신을 보며

프랑크푸르트는 유럽의 교통과 금융 중심지이다. 도착한 중앙역은 교통 요지답게 도시를 경유하는 사람과 관광객들이 어우러져 바쁘게 움직이고 있었다.

금요일 저녁 늦게 도착해보니 말로만 듣던 복지국가의 휴일을 맞

았다. 거의 모든 관광지와 음식점 및 백화점, 마켓 등 모든 장소가 문을 닫았다.

중앙역에서 호텔로 가는 거리에는 다른 나라에서 온 이주 난민이 섞여서인지 다양한 색깔의 얼굴과 언어가 들렸다. 도착한 호텔에서 접수도 아프리카 이민자인 흑인이 말을 걸어왔다. 휴일이었기에 상상했던 독일식 식사와 맥주는 멀리 갔고 근처 중국식당에서 식사할 수밖에 없었다.

다음 날 아침 뢰머광장에 갔다. 이곳은 기원전 50년경 로마군이 처음 주둔하여 뢰머베르크라고 불린 것이 지금의 뢰머광장이라 불리고 있다. 뢰머광장은 독일역사의 중심이자 독일박람회가 시작된 곳이다.

광장 한가운데 있는 정의의 여신(justice = 유스타치아)은 눈을 가리고 왼손에는 저울과 오른손에는 칼을 들고 있었다. 법을 어긴 사람에 대해서는 객관적인 법치주의 정신에 의거 엄하게 처벌한다는 상징이 사회 분위기를 명확히 보여준다.

참고로 109쪽에 보이는 대한민국 대법원에 있는 정의의 여신상의 모습은 다르다. 사진에서 보는 것과 같이 왼손에는 책을 오른손에는 저울을 들고 있다. 더 특이한 것은 눈을 뜨고 있다는 것이다.

이러한 사진은 아래와 같은 추측을 낳게 한다. 즉 우리나라는 범죄를 지은 범죄자에 대해 상대를 눈으로 보고 상대의 지위와 권력에 맞게 법전이라는 책에만 의존하여 판결한다는 것이다.

누구에게나 눈을 감고 공정한 법의 칼날 아래 법의 적용이 필요한 것은 법치주의의 기본일 것이다. 민주주의의 성공적인 정착을 위해서는 3권분립의 하나인 엄정하고도 객관적인 법의 정신이 철저히 지켜져야 할 것이다.

최근 2~3년 전에 정의란 무엇인가로 방송을 뜨겁게 달군 시기가 있었다. 정의의 어원을 보면 그리스에서의 법(Dike)과 정의

> 뢰머광장

(Dilation), 로마에서의 법(Ius)과 정의(Iustitia)의 관계는 동일하다.

정의는 '법이 추구하는 이념'이라고 말해진다.

서구에서는 법과 정의의 밀접성을 이해하고 정의를 인격화시킨 정의의 여신상이야말로 곧 법을 대표하는 상징물로 여기고 있다.

법치국가란 국가가 국민의 자유와 권리를 제한하거나 국민에게 의무를 부과할 때에는 반드시 국민의 대표기관인 의회에서 제정한 법률로써 해야 한다는 것이다.

사람이 많이 모이는 시청사가 있는 뢰머 광장에서 법치주의의 상징을 본다.

우리도 법치국가 국민이지만 정의의 여신이 어디에 어떤 형태로 있는지도 전혀 관심을 두지 않는다. 어디 있는지 검색해

> 우리나라 대법원에 있는 정의의 여신상

보면 대법원에 있는 줄 알지만 시민들이 찾아가기에는 너무 먼 곳이다.

민주주의는 국민에 의해 법을 만들고 준수하면서 이루어진다.

그러하기에 누구나 볼 수 있는 접근성 좋은 광장마다 정의의 여신상을 설치할 것을 제안해 본다. 그것을 보고 법 준수의식과 정의를 되새기는 계기가 될 것이라 믿는다.

‘목적이 정해지면 아무것도 두렵지 않다.
인생의 목적이 뚜렷하게 보인다면
망설임도 불안도 말끔히 사라진다.
그렇다면 악마도 지옥도 두렵지 않다.
두려움에 발목이 잡혀 머뭇거리기보다는
곧장 앞으로 돌진하는 것이 현명한 사람의 모습이다.’

_괴테 (독일 대문호, 《파우스트》 중)

괴테의 이탈리아 기행처럼

오후에 프랑크푸르트에 있는 괴테가 태어난 집을 찾아갔다.

마침 휴일이라 폐관이어서 괴테의 집은 방문할 수가 없었다. 아쉽지만 괴테하우스 근처에서 커피를 마시는 것으로 만족할 수 밖에 없었다. 서서히 시내를 걷다보니 중앙 광장에서 독일문학의 자존심이라 불리는 괴테 동상을 볼 수 있었다.

독일의 자랑이라는 대문호 괴테는 프랑크푸르트에서 태어났다.

> 괴테의 이탈리아 기행 그림

《젊은 베르테르의 슬픔》, 《이탈리아 기행》, 《파우스트》는 그의 대표적인 작품이다. 이중 《파우스트》는 60년간 그가 고뇌하며 완성한 역작이다.

그의 작품 중 《괴테의 이탈리아 기행》은 1786년부터 1788년까지 약 20개월 동안 이탈리아를 여행하면서 독일의 지인들에게 보낸 서한과 일기, 메모와 보고를 다시 엮은 것이다.

그는 새로운 세상과의 만남을 통해 관습의 틀을 벗고 진정한 예술가로 변모하는 모습을 보여주고 있다.

괴테는 그의 작품에서 여행의 목적을 아래와 같이 말한다.

제 여행의 중요한 의도는 육체적·도덕적 폐해를 치유하는 것이었습니다. (…) 다음은 참된 예술에 대한 뜨거운 갈증을 진정시키는 것이었습니다. 전자는 상당히, 후자는 완전히 성공을 거두었습니다.

괴테처럼 로마, 나폴리를 거쳐 시칠리아로 여행하는 상상을 해본다. 여행을 통해서 그가 갈증나고 번잡한 일상에서 벗어나 예술적 감수성을 키웠기에 새롭게 탄생했던 것처럼 말이다.

어쩌면 지구 밖에서 보면 우리는 지구별 여행자이다. 여행지에서는 누구나 새로운 시선으로 일상을 바라보게 된다. 그 도시의 새로운 음식을 먹으며 새로운 미각으로 만나게 된다. 여행은 습관대로의 나, 기억 속의 나에서 벗어나라고 한다.

다만 일상에서 여행자처럼 생활하는 것은 쉽지 않다. 나를 습관 속에서 계속 불편하게 만드는 사람은 '과거의 나'이기 때문이다.

과거의 나에서 벗어나는 방법은 매순간을 여행자처럼, 처음 본 것처럼 바라보는 것이다. 아침에 일어나서도 출근해서도 여행자의 마음으로 살아가는 것이다.

또 하나 여행지에서처럼 내가 틀릴 수도 있다고 생각하고 집착을 내려놓는 일이다. 내가 아무 것도 아니라는 것을 확인하는 것이다.

이러한 여행자의 마음 자세는 타인을 존중하며 경청하고 서로의 행복을 위해 찾아가는 민주주의의 기본정신과 닮아 있다.

언제나 여행자의 시선으로 사람과 삶을 바라보아야겠다.

괴테의 동상을 떠나며 자신의 인생을 두려움없이 개척해가는 파우스트의 말을 되새겨본다.

'인생의 목적이 정해지면 아무것도 두렵지 않다. 인생의 목적이 뚜렷하게 보인다면 망설임도 불안도 말끔히 사라진다. 그렇다면 악마도 지옥도 두렵지 않다.'

역사의 반성 – 언제 어디서나 시민의 민주교육

다음에 찾아간 성파울 교회는 독일 근대역사와 정치의 성지처럼 여겨지는 곳이다. 1848년 당시 이곳은 국회의사당으로서 독일내각 국가들이 인구비례에 입각해서 대표를 뽑아낸 독일 최초의 민주적인 통일 의회였다.

> 성파울 교회 내부

역사적인 건물 안을 돌아보다보니 여러 전시물과 당시 상황을 보여주는 영화가 상영되고 있었다. 지금은 독일 국민에게는 여전히 자유, 통일, 민주주의 상징으로 남아 있다.

이 의회를 주도한 국민회의는 국민주권에 기초하는 민주적인 통일국가를 세우려 했다. 그러나 보수적인 빌헤름 4세는 철혈재상

비스마르크로 하여금 의회를 무시하고 황제가 되어 1차 세계대전을 일으킨다. 이후 독일은 전쟁에서 패배하고 군주정에서 바이마르 공화국이 출범하게 되는 것이다.

바이마르 공화국의 헌법은 전국적인 득표를 기준으로 의석을 배분하였기에 군소 정당이 난립할 수밖에 없는 시스템이었다. 1932년 총선에는 무려 38개 정당이 참여했고 18개정당이 의회로 진출했다. 이러한 정치적 혼란과 미국의 대공황과 연계된 경제적 혼란하에서 히틀러의 나치당이 민주적인 선거를 통해 정권을 잡게 된다. 이후 독일인들은 집단최면 속에서 2차 세계대전을 일으키게 되는 것이다.

이러한 역사의 반성차원에서 독일 교육은 언제 어디서든 정치를 가르치는 정치교육 시스템을 유지하고 있다.
교육의 주요내용은 교화 및 주입식 교육을 금지하고 갈등을 해결하는 협약이다. 즉 독일 정치교육은 민주주의가 생동감을 잃지 않으려면 끊임없이 민주주의를 습득해야한다는 것이다.

<u>태어나서 죽을 때까지 어디서나 정치, 사회, 현안을 토론하고 갈등을 해결하는 독일 정치교육 모델은 우리가 가야할 민주주의의 방향이 아닐까?</u>

독일의 경제 민주주의 – 공동 의사결정제도

또한 전쟁이 끝나고 과거 기업의 대표들 가운데 많은 사람이 나치 정권과 밀착되었기에 국민은 민주주의를 원했고 이때 공동의사 결정제도를 도입하여 기업의 대표들을 감독하고자 했다.

1976년 제정된 공동결정법에 따라 독일에서는 노동자 5명 이상인 사업장에서는 반드시 직원평의회를 구성하도록 되어있다. 또 2,000명이 넘는 대기업에서는 노사 동수의 감독 이사회를 구성토록 하였다.

> 프랑크푸르트에 있는 EU(유럽연합) 중앙은행

왜냐하면 기업은 이윤추구를 목적으로 하기에 직원들의 임금삭감과 혜택축소를 추구하도록 되어있기 때문이다. 현대에는 강력한 정치 로비와 정보를 바탕으로 직원들은 실질적으로 임금노예의 수준으로 떨어질 수 있다.

어쩌면 기업 또한 민주주의 체제에서 법에 의해 만들어진 조직의 한 형태이다. 시장이 경쟁적이라면 좋으나 독과점 거대기업은 필연적으로 발생한다.

그리고 이윤추구를 통한 부유층과 저소득층의 현저한 소득 격차가 벌어짐으로써 경제적 불평등이 커진다. 그래서 장기적으로 사회문제화가 될 수 있기 때문이다. 그래서 법을 통한 정부의 규제도 필요하다고 보는 것이다.

기업은 시민들이 일하고 소비하고 생존하는 또 다른 공동체이다. 그리고 그 공동체는 우리의 자치권, 우리의 민주주의가 꽃피워야 할 공간이다.

헬무트 비스만(독일 연방 사회법원장)은 말한다.
"갈등이 생기면 규정에 따라 처리하므로 분쟁으로 이어지지 않습니다. 분쟁을 통한 해결방법보다 공동 결정제도가 노동자들에게 더 많은 이익을 가져다줄 수 있다고 생각합니다."

세계적 경제 대국이자 복지국가인 독일!
이러한 복지국가 독일을 만든 힘은 독재정치를 했던 과거를 철저히 반성하고 법과 일상에 민주주의의 이념들을 제도화했다는 점이다.

즉 독일의 경제모델은 사회적 시장경제이다.

경쟁에 기반을 둔 시장경제에 사회적 형평성을 조화시키는 것이다. 사회적 갈등을 야기하는 자유 시장 경제의 문제점을 보완하여 사회복지와 소득분배라는 사회정의를 추진하는 것이다.

우리나라도 경제성장이 이루어지면서 다양한 선택의 문제가 남아있다. 단순하게 본다면 시장을 더 자유롭게 할지와 국민 복지를 위한 정부의 규제 중 어떠한 선택을 하느냐의 문제이다.

어떤 선택이 될지는 우리들의 몫이다.

다만 경제 문제에 있어서 독일처럼 효율성과 형평성이 조화를 이루는 선택이 장기적으로 바람직한 참고사항이 될 것이다.

법치국가이자 복지국가인 독일을 떠나며

오늘은 월요일 오후이고 약간의 비가 내린다. 도착할 때와 달리 상점과 식당이 많이 열려 있었다.

지난 금요일 프랑크푸르트에 도착했을 때는 18시가 넘어 거의 모든 상점과 많은 식당이 닫혀 있었다. 관광객으로서 불편했지만, 그것은 나의 생각일 뿐이었다. 복지국가인 독일인들의 철저한 휴식과 휴가는 당연한 권리이자 행복의 기본이었다.

서비스업에 종사하는 그들에게 고객은 왕이 아닌 것이다. 근로자

> 오페라 하우스

로서 가정이 있고 행복한 삶을 누릴 권한이 있다. 인간의 존엄성을 사회제도가 지켜주고 있는 현실을 보며 부러움을 느꼈다.

2014년 영국 BBC 방송은 여론조사기관과 공동으로 세계 여러 나라의 국가 브랜드파워를 조사한 바 있다. 여기서 독일은 경제력과 사회의 신뢰도 등 사회의 하드웨어와 소프트웨어 등을 종합적으로 반영한 순위에서 1위를 차지하고 있다.

이러한 세계 최고의 독일을 만드는 힘은 어디에서 나오는가?
독일 사람들에게 가장 큰 욕은 '거짓말쟁이'라 한다. 이러한 정직이 기본이 되고 서로간에 약속을 철저히 지키는 일은 신뢰의 기초가 된다. 독일을 구성하는 정부와 기업 및 시민들 모두 신뢰하는 사회다.

이러한 법치제도와 신뢰사회 시스템을 만들고 운영하는 주제는 사람이다. 각 구성원이 법치 아래 주어진 권리와 의무를 충실히 지키기에 가능한 것이다.

법치와 원칙이 서있는 나라이자 지도자가 깨끗한 나라.
'나라다운 나라'의 표본으로 꼽히는 독일의 힘은 제도도, 지도자도 아닌 국민에게 있었다.

서서히 나로부터 시작되어 전 국민이 법과 상식을 지키는 일상 속의 의식변화가 필요하다. 그때 우리가 바라는 '나라다운 나라'는 바로 옆에 있을 것이라 믿는다.

제3장

여행 후 내 마음과 일상에서 민주주의를 보다

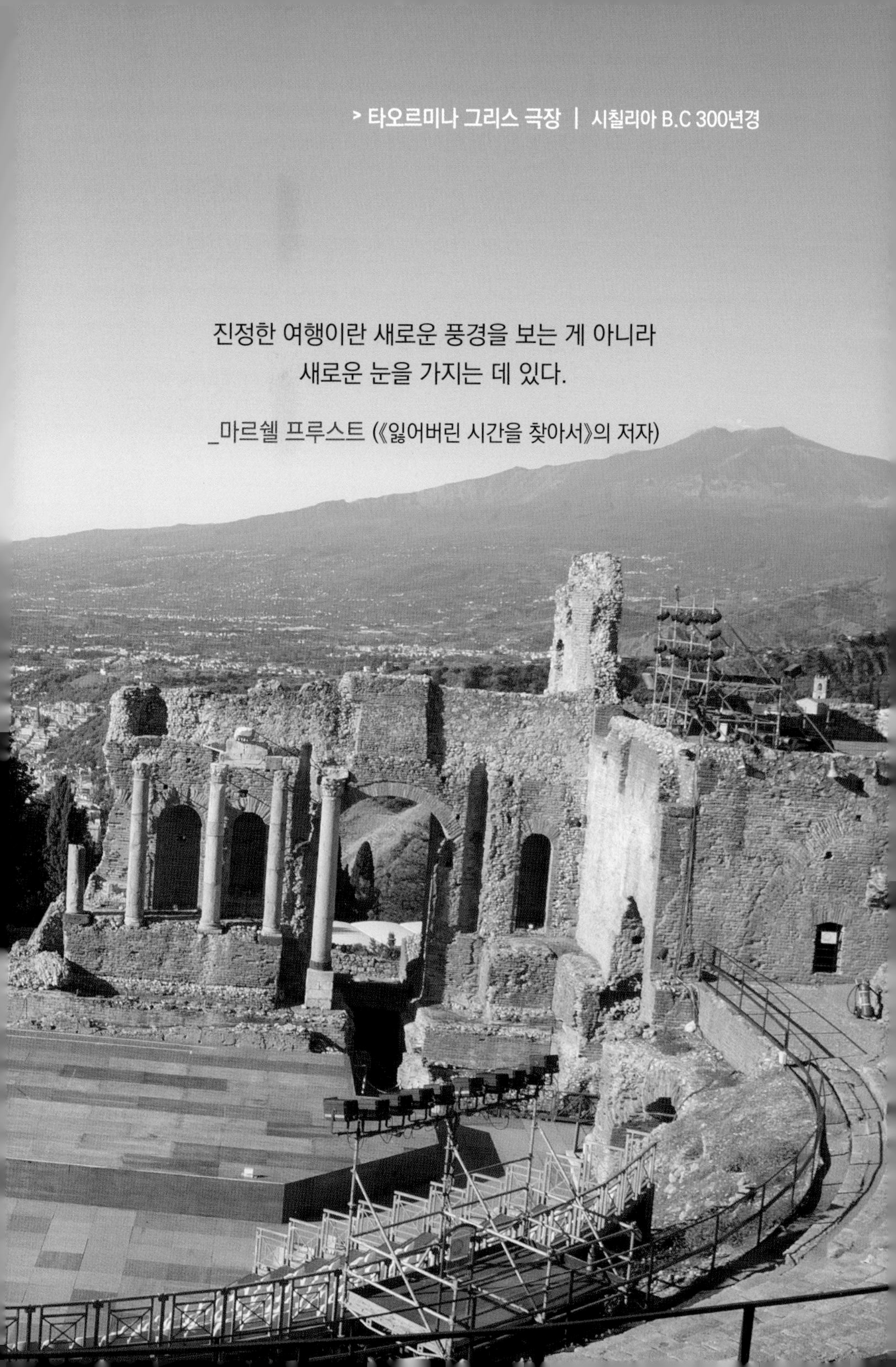

> 타오르미나 그리스 극장 | 시칠리아 B.C 300년경

진정한 여행이란 새로운 풍경을 보는 게 아니라
새로운 눈을 가지는 데 있다.

_마르쉘 프루스트 (《잃어버린 시간을 찾아서》의 저자)

민주주의란 무엇이며 어떻게 실천할 것인가?

당신에게 민주주의는 무엇인가?
모든 사람이 조화를 이루고
동등한 기회를 누리는 민주적이고 자유로운 사회다.

_넬슨 만델라 (남아공 최초의 대통령)

> 민주주의란 무엇인가

우리가 그처럼 헌신적인 노력을 기울일 때, 하느님의 가호 속에서 우리나라는 새롭게 보장된 자유를 누릴 수 있고, 우리나라는 국민의 정부이면서, 국민에 의한 정부이면서, 국민을 위한 정부로서 결코 지구상에서 사라지지 않을 것입니다.

_미국 남북 전쟁 시 숨진 전몰자를 위로하며
(1863년 링컨의 '게티즈버그 연설문' 중)

> 미국의 제16대 대통령 링컨의 동상

◉ WHAT? 민주주의란 무엇인가?

민주주의는 그리스어(語)의 'demokratia'에 근원을 두고 있다. 'demo(국민)'와 'kratos(지배)'의 두 낱말이 합친 것으로서 '국민의 지배, 정치'를 의미한다.

이러한 '국민의 지배'란 나라의 주인이 국민에게 있고, 국민에 의해서 정치가 이루어져야 하며, 모든 국민이 편하고 행복하게 살 수 있도록 정치가 이루어져야 한다는 말이다.

여행을 통해서 배운 것은 이러한 국민의 정치는 불가능한 것이 아니라 고대 아테네와 다른 나라에서도 이미 이루어지고 있었다는 사실이다.

기원전 4~5세기경 당시 아테네의 민주정치는 시민들이 직접 참가하는 입법과 사법 그리고 행정부를 통해 권력의 견제 및 균형을 이루었다. 특히 놀라운 것은 입법부인 500인 평의회, 사법부인 민중 법원과 행정부인 행정직 공무원들을 제비뽑기로 선출하였다는 점이다.

제비뽑기는 선거로 뽑을 때의 폐해를 방지하고 사사로운 영향력을 무력화시켰다는 점이다. 말하자면 최대한 많은 수의 시민을 나라 살림살이에 참여시키고 이를 통해 평등을 구현하려 했다.

오늘날 세계의 모든 국가가 규모의 제약, 인구의 증가로 대의 민주주의를 시행하고 있다. 대의민주주의는 선거를 통해 선출된 정치인에 의해 운영된다.

선거에 의존한 민주주의는 선거 전에는 공약을 남발하다가 선거철만 끝나면 국민과 정치인은 서로 불신하게 된다. 다음 세대를 생각하는 정치인보다 다음 선거를 생각하는 정치인에게 모든 것을 맡기는 것은 민주주의의 이념에 맞지 않는다.

민주주의 개념에 맞는 '국민의 지배, 정치'를 이끄는 힘은 선거 때 투표를 했다고 끝나는 것은 아닐 것이다. 고대 아테네 시민들처럼 민주주의에의 적극적 참여는 권리이자 의무이다. 그러할 때 민주주의는 더 민주화될 수 있다.

이러한 민주주의 즉 국민에 의한 정치가 추구하는 가치는 무엇일까? 그것은 국민 개개인을 존중하는 인간존중의 정신이다. 이러한 인간존중의 정신은 자유와 평등의 보장으로 실현된다.

◉ WHY? 민주주의 목적 – 자유와 평등을 위하여

만일 몇몇 사람들이 생각하고 있는 것처럼 자유와 평등이 주로 민주주의에서 발견되는 것이라면 그것들은 모든 사람들이 다 같이 정부에 최대한으로 참여할 때 가장 잘 이루어지는 것이다.

_존 스튜어드 밀 ('자유론')

고대 그리스 아테네인에서 가장 영광스러운 자랑거리는 '나는 자유인이요'라고 하는 말이었다고 한다.

아테네인들은 권력과 타인에게서 속박받는 것에서 자기 자신의 지배자가 되는 것을 원한 것이다. 그리스인들이 뿌린 민주주의(데모크라시)도 지배하는 자와 지배받는 자가 구별됨이 없이 평등한 시민으로서 정치한다는 것이다.

자유와 평등은 민주주의를 지탱하고 있는 두 개의 큰 기둥이다. 이러한 자유와 평등은 상호 보완적인 면을 지니고 있으면서도 또 한편으로는 상호 배반적인 면도 지니고 있다.

먼저 '자유'에는 소극적 의미의 자유와 적극적 의미의 자유가 있다. 소극적 의미의 자유(=국가 권력으로부터의 자유)는 외부로부터의 각종 구속이나 타율적인 강제를 받지 않는 상태이다.

적극적 의미의 자유(=국가 권력에로의 자유)는 자율적인 의지 또는

결정을 바탕으로 선택권의 행사 및 자기 의사의 발표 기회가 허용되는 상태를 말한다.

평등은 모든 사람이 권리, 의무, 자격 등이 모든 사람에게 고르고 똑같아 차별받지 않고 살아야 한다는 것이다.

모든 사람에게 똑같이 기회를 주는 것이지만 장애인, 저소득층, 여성, 노인들처럼 사회적 약자는 존중받으며 자유와 권리를 누릴 수 있도록 배려해야 할 것이다. 그럼으로써 모든 사람들이 평등하고 행복한 사회가 될 것이다.

평등과 관련하여 기본적인 권리나 자격의 정치, 즉 제도적 평등은 헌법과 법률의 조문에 의해 당위적으로는 보장된 것 같다. 그러나 자본주의 경제하에서 자본이윤추구의 속성상 상위층과 하위층의 소득격차는 점점 벌어지게 된다.

《평등해야 건강하다.》의 저자인 사회학자 리처드웰킨슨은 말한다. "지속적인 불평등이 사회적 관계의 질을 하락시키며, 폭력을 조장하고, 공동체에 대한 참여도를 떨어트림으로서 사회에 대한 신뢰를 하락시킨다."

자본주의하에서 사회를 구성하는 양극화의 소득격차가 커질수록 과거처럼 대공황이 올 수 있다는 역사적 교훈을 잊지 않아야 할 것이다.

여행하면서 살펴보았던 독일 기업의 공동의사 결정제도를 참고하는 것도 검토해 볼 만하다. 제도 도입으로 기업 내 갈등이 완화되면서 근로자가 단순한 임금노예가 아닌 자유롭고 평등한 노사관계를 바탕으로 하게 되는 것이다.

민주주의 하에서 자본주의가 지속적인 발전하려면 서로가 공존할 수 있는 정부의 견제와 조화로운 정책이 필요할 것이다.

이러한 경제적 불평등에 대하여 해법을 가지고 있는 정부를 움직이는 것은 국민 개개인 즉 시민들의 힘이다.

언제나 선택은 우리에게 있다.
우리는 국가의 주권자로서 자유와 평등의 조화로운 방향을 선택할 수 있는 권리와 의무가 있다.

◉ HOW? 일상에서 어떻게 실천할 것인가?

정치 선진국 덴마크에서는 매년 4일간 정치축제가 열린다. 매년 6월 덴마크 코펜하겐의 작은 섬에서 열린 축제기간에는 총리, 장관, 정치인들과 시민단체, 시민들이 참여하여 토론한다.

시민들은 TV에서 보던 정치인과 국회의원 등을 길거리에서 만나 정책의 궁금증을 묻고 대화를 나눈다. 정치축제에서 시민들은 정책이 만들어지는 과정과 운영되는 과정을 배우며 정당간의 협치를 보게 된다.

시민들의 적극적인 참여로 덴마크의 정치는 투명한 정치, 부패없는 정치, 특권없는 정치, 시민과 함께하는 정치가 현실에서 가능하다는 교훈을 주고 있다

그러나 일상과 함께하는 즉 국민의 정치를 위한 우리의 현실은 어떠한가? 덴마크처럼 일상에서 함께하는 정치를 이루기 위해서 필요한 것은 무엇일까?

먼저 우리가 국가의 주인임을 깨닫고 갈등을 즐기면서 정치에 참여하는 것이다. 이러한 민주적 마음의 습관이 일상에서 이루어질 때 국민에 의한 정치는 옆에 있을 것이다.

실천 1. 깨어나자! 민주정치 주인으로!

◉ **대한민국 헌법**

제1조 제1항 대한민국은 민주 공화국이다.
제2항 대한민국의 주권은 국민에게 있고,
모든 권력은 국민으로부터 나온다.

헌법의 1조처럼 우리나라는 민주주의 국가이자 국민의 정치 권력을 변화시키는 힘은 우리 국민이다.

고대 아테네에서 대표자는 제비뽑기로 뽑았기에 시민들은 지배자이자 피지배자였다. 인구의 증가와 규모의 제약 등으로 대의 민주주의제로 바뀌면서 우리는 선거를 통해서만 주인이 되는 순간을 경험할 뿐이다.

헌법조문 1조처럼 국가의 주인인 국민은 주인 의식이 있는 사람에게만 주어지는 당위적 표현일 뿐이다. 주인의식이 없다면 우리의 자유를 침해하고 권위와 독재적 지배방식에 순응하는 삶을 살 수밖에 없을 것이다.

주인의식으로 깨어나자! 민주주의 즉 국민에 의한 정치를 이루는 힘은 주권자인 나에게, 아니 우리에게 있다.

실천 2. 상호존중하며 갈등을 즐기자!

'갈등은 민주주의를 움직이는 엔진이다'라는 말이 있다.

2016년 한국보건 사회연구원이 수행한 사회통합실태 및 국민 인식조사에 따르면 한국사회의 사회통합 수준이 10년 전보다 떨어졌다고 발표했다.

현재 한국사회는 지역갈등, 계층갈등, 이념과 세대 갈등이 심화되고 있다. 이러한 갈등은 한정된 자원에 대한 배분에 있어 서로의 입장이 다르기에 갈등은 존재할 수밖에 없고 더욱이 증가할 수도 있다.

이러한 갈등을 해소하는 민주주의의 무기로 똘레랑스(관용, 인정)란 말이 있다. 똘레랑스는 자기와 의견이 다른 상대에 대한 무관심, 반대가 아닌 존중이다.

어떠한 갈등이 있더라도 타인을 인정하는 일이 우선되어야 한다. 그것을 통해 서로 다름을 인정하고 문제를 해결하기 위한 민주적 마음습관에 길들여져야 할 것이다.

그때서야 갈등은 민주주의를 움직이는 엔진이 될 것이다.

실천 3. 참여하자! 다양한 방법으로!

국회의원과 대선의 선거 투표율은 계속 감소하는 추세다. 지난 20대 국회의원 선거 투표율은 58%였다. 1948년에 치러진 1대 선거 투표율 95.5%에서 계속 감소하고 2017년 대통령 선거의 투표율은 77.2%이다.

오늘날 대의민주주의는 선거를 통해 선출된 정치인에 의해 운영된다. 더욱이 통계에서 보는 것처럼 정치 무관심으로 투표 참여자는 적어지고 있다. 정치적인 불만을 말로만 하거나, 옳지 않음에 방임한다면 피해는 우리에게 돌아온다.

국민에 의한 정치란 정당의 교육과 적극적인 참여를 통해서 이루어지는 만큼 다양한 방법으로 참여하여야 할 것이다.

첫째 적극적인 선거 참여가 필요하다. 외국처럼 선거 참여를 쉽게 하거나 불참시 벌칙을 주는 방법도 있다.
둘째 경제, 정치, 문화 등 시민단체 가입을 통한 참여이다.
셋째 반상회 및 동네, 도서관 등 지역사회에서의 풀뿌리 공동체의 참여이다.
넷째 인터넷과 SNS 등의 활성화를 통한 참여이다.

모두가 행복한 사회를 꿈꾸는 자는 쉬어서는 안 된다.

※ 참고 – 다양한 정치 참여 방법

1. **선거하기**
   선거는 정치에 참여할 수 있는 가장 대표적인 방법이다.
   어떤 사람을 뽑느냐에 따라 사회의 모습이 달라진다.

2. **공청회 참여**
   법을 만들거나 정책을 결정하기 전에는 전문가의 설명을 듣고, 정책에 관한 나의 의견을 제시할 수 있다.

3. **국가 기관에 의견 제기**
   각종 정책에 관한 자신의 의견을 국가 기관과 지방자치단체에 직접 자신의 의견을 올린다.

4. **시민 단체 활동 참여**
   자신이 관심 있는 분야 예를 들어 환경, 정치, 교육 등 다양한 분야에 회원이 되어 함께 행동할 수 있다.

5. **캠페인 및 서명 운동 참여**
   어떤 문제에 대해 찬성이나 반대의 의견을 밝히거나
   사회적으로 중요한 문제에 대해 관심을 불러 일으킨다.

6. **집회 참여**
   어떤 문제에 대하여 같은 생각을 가진 사람들이 한곳에 모여서 한 목소리를 내는 것으로 평화적인 집회

[네이버 지식백과] (재미있는 선거와 정치 이야기)

여행자에서 일상의 민주주의 실천자로!

여행의 어원은 라틴어 'Travail'은 '고생'을 뜻한다. 그것도 출산의 고통처럼 자기 안에 다른 것을 받아들여 새로운 생명을 낳는다는 말이다.

배낭여행 자체는 약간의 두려움은 있었지만 그러한 불안이 적절한 긴장과 준비를 하게하여 새로운 세계로 이끄는 계기가 되었다.

여행을 다녀오니 기존에 보았던 그리스, 영국, 독일 등 서양의 역사와 사상가들의 책, 그리고 영화들의 모습이 새롭게 느껴진다.

여행의 어원처럼 '나의 첫 책 만들기'는 내 안에서 새로운 출산 과정이었다. 책을 만드는 기간 내내 어설프게 쓴 두려움과 쓰고 난 후의 책을 보는 기쁨 사이를 오갔다.

평소 민주주의 사고가 미흡한 터라 민주주의란 추상적 주제를 쉽게 전달하는 것도 어려웠다. 글에 나온 민주주의의 세부사항에 대하여는 보수와 진보의 이념적 논쟁이 있을 수 있다.

중요한 것은 올바른 방향이다. 더 중요한 것은 참여다.

민주주의란 유기체는 참여 속에서 대화와 타협으로 성장하니까 말이다.

일상 속에서 민주주의를 실천하는 상상을 해본다. 먼저 나 자신의 마음속에서 권위주의 의식을 버리고 생각의 민주화를 상상하고 실천해보아야겠다.

다음 단계는 타인과의 인정과 기대보다 타인을 존중하고 대화와 타협으로 가는 것이다.

마지막으로 내가 몸담고 있는 사회에서 적극적인 참여로 사회가 조금이라도 나아진다면 내 삶의 의미는 행복할 것이다.

> 여행 중 구입한 기념품들

내일부터 출근이다.

복잡한 일상으로 돌아가서 예전과 똑같은 생활을 한다면 전혀 새로운 눈을 가진 게 아닐 것이다.

주위의 모든 사람과 대상들에게 덜 욕심 부리고, 덜 두려워하며, 올바른 시각으로 바라보고 참여하여야 할 것이다.

나아가 그리스인 조르바처럼 진정한 자유를 얻기 위해 가끔은 멈추어서, 버릴 것은 버리고, 용기 있게 나아가야 할 것이다.

그리스인 조르바의 묘비명을 쓰며 새롭게 태어난 자유인의 길을 걷고자한다.

나는 아무것도 바라지 않는다.
나는 아무것도 두렵지 않다.
나는 자유다.

_니코스 카잔차키스

〈서문의 물음에 답하며〉

2016년 여행을 다녀온 후 국내에는 많은 사건이 있었다.
최순실 국정농단으로 이어진 대통령 파면과 선거 등 우리나라 민주주의 역사도 계속 진행되는 과정에 있는 것이다.

짧지 않은 2,500년 민주주의 역사는 세 가지를 말해준다.
첫째 인간본성은 권력의 유혹에 약하며 무너지기 쉽다.
둘째 국가는 경제적 불평등이 확대될 때 위기가 온다.
셋째 민주주의는 언제든 퇴보할 수 있다는 것이다. 국민들의 무지와 분열과 자만심 그리고 전쟁으로 말이다,

이러한 교훈과 민주주의에 대한 화두는 책을 집필하는 동안 머릿속에서 오랫동안 머무르며 나를 변하게 만들었다.
항상 나 중심의 사고에서 사회 공동체의 관점으로 바라보게 되었다. 정부와 권력에 대해 말로만 비판하던 관습에서 다양한 정치참여가 지속되어야함을 가르쳐주었다.

'가장 개인적인 것이 가장 정치적인 것이다.'란 말이 있다.
나 또한 국가의 지배자로서, 사람이 행복한 세상을 만드는 꿈에, 참여하고 주권자의 권리와 의무를 행사하여야겠다.

우리가 행복해질 때 당연히 나도 더 행복해질 것이다.

마치며

'사람은 책을 만들고 책은 사람을 만든다.'는 말이 있다.

책을 만들면서 잘 해야겠다는 욕심과 함께 하면 할수록 잘 만든 여행기와 비교하니 두려움도 커졌다. 그러한 욕심과 두려움으로 책을 만드는 동안 약간의 몸살을 겪기도 했다.

그래도 멈추지 않은 것은 '누구나 초고는 엉터리'라는 헤밍웨이의 말과 나를 알아주는 주변 사람들의 도움이었다.

책을 만드는 과정에서 여행 전에 배운 역사와 민주주의에 대한 지식이 역사 속 현장에서 꿈틀대는 것을 볼 수 있었다. 현장에서 자유와 평등을 위한 역사 속 인물과 유적지를 만나며 민주주의 실체가 더욱 새롭게 다가온 것이다.

책과 배낭여행이 나를 새로운 세계로 만나게 하는 것보다 책을 만드는 과정이 작은 나를 더 넓게 하고 깊게 보게 만들었다. 그리고 평범한 국민에서 민주주의 시민으로 다시 태어나게 만들었다.

글을 마치며 무엇보다 오늘의 나를 있게 만든 고마운 분들에게 감사드린다.

먼저 이 책을 시작하게 만든 '나만의 책 만들기' 과정의 홍유진 선생님과 동기들에게 감사드린다. 그리고 '100일 글쓰기'를 통해 기행문을 작성하게 하고 격려와 칭찬을 하시던 최진우 선생님과 동기들에게도 감사드린다.

또 출판에 적합한 인디자인 작업을 전담해준 이은진씨, 내 좁은 독서습관을 고쳐준 독서클럽 친구들, 큰 방향과 교정을 잡아준 출판사 친구 권성자 사장이 없었다면 출간은 어려웠을 것이다.

그리고 곧 30년 되는 직장생활에 도움을 준 직장동료들, 항상 나와 아픔과 기쁨을 같이 해온 모든 친구들, 그리고 무엇보다 이러한 자유민주주의를 위해 노력했던 모든 대한민국의 국민들에게도 감사한다.

물론 으뜸은 이 세상에 나를 보내신 부모님과 나의 사랑스러운 아내 '최윤수'와 성실한 아들 '홍성표'이다.

이제 '작은 나'에서
'민주시민으로서의 나'를 꿈꾸며 나아간다.
함께 동행해준 독자에게 감사드린다.

> 나의 방에 있는 세계 배낭여행 지도 | 언제나 지구별 여행자를 꿈꾸며!

북 극 해
ARCTIC OCEAN
그 린 란 드(덴마크)
캐 나 다
CANADA
북 아 메 리 카
NORTH AMERICA
북대서양
NORTH ATLANTIC OCEAN
미국
NORTH PACIFIC OCEAN
대 서 양
ATLANTIC OCEAN
평 양
PACIFIC OCEAN
남 아 메 리 카
SOUTH AMERICA
오 세 아 니 아
OCEANIA
남태평양
SOUTH PACIFIC OCEAN
남대서양
SOUTH ATLANTIC OCEAN
북극
ARCTIC
남극
ANTARCTICA
남 극 해
SOUTHERN OCEAN

참고한 자료

1. 참고한 책

> 역사

도르프와 떠나는 민주주의 역사여행　류증희/시공주니어/2011
어메이징 데모크라시　알레코스 등 공저/궁리출판/2017

> 자유,평등, 민주주의 개념정리

EBS 다큐프라임 민주주의　제작진/후마니타스/2016
당신에게 민주주의는 무엇인가　템마 카플란/다른세상/2016
평등해야 건강하다　리처드웰킨슨/후마니타스/2008
비통한 자를 위한 정치학　파커 J. 파머/글항아리/2012
후불제 민주주의　유시민/돌베개/2009
국가란 무엇인가?　유시민/돌베개/2017
자유나라 평등나라　오가와히토시/바다출판사/2015
소크라테스의 변명　플라톤/황문수/문예출판사/1999
괴테의 이탈리아 기행　괴테/홍성광/펭귄클래식 코리아/2008

> 실천

시민의 교양　채사장/웨일북/ 2015
약자가 강자를 이기는 법　안병길/동녘/2010
민주주의의 무기, 똘레랑스　필리프사시에/이상북스/2010
국민을 위한 선거는 없다.　다비트판/갈라파고스/2016
기본에 충실한 나라 독일에서 배운다　양돈선/미래의창/2017
국민의 참여가 민주주의를 살린다　윤종빈외/미래정치연구소/2017

2. 방송

국회방송/민주주의의 역사
JTBC/차이나는 클래스 - 유시민 편
KBS/스페셜 덴마크 - 정치축체 편

3. 네이버 지식백과 참고

4. 펠로폰네소스 전쟁 전사자에 대한 추도 연설 - 첨부

-BC 400년경 아테네 페리클레스의 추도문

5. 민주주의 명언

국민이 통제하지 않으면, 어떤 정부도 계속 좋은 일을 할 수 없다.

_T. 제퍼슨

민주주의라는 나무는 국민의 피를 먹고 자란다.

_T. 제퍼슨

민주주의의 문제는 왕들을 몰아내는 문제가 아니다.
그것은 모든 사람을 왕으로 만드는 것이다.

_모어 하우스

민주주의에서는 한 유권자의 무지가 모두의 안전을 해친다.

_존 F. 케네디

국민의, 국민에 의한, 국민을 위한 정부는
이 지구에서 결코 사라지지 않을 것이다.

_링컨

민주주의는 자유와 평등, 개인적 가치와 사회적 요구의 조화이다.

_토마스 만

민주주의는 정지된 것이 아니라 영원히 계속되는 행진이다.

_루즈벨트

민주주의란 완전무결주의가 아니라 개선을 위하여
싸울 수 있는 기회를 의미한다.

_메이어 런던

정부가 국민을 소유하는 것이 아니고
국민이 정부를 소유하는 나라라면 어느 나라든 환영한다.

_처칠

올바른 민주주의는 좋은 친구가 되는 것이지
좋은 주군이나 좋은 신하가 되는 것이 아니다.

_알렉산드르 뷰코크 제독

투표는 총알보다 강하다.

_에이브러햄 링컨

민주주의는 시민에 의한 권력을 뜻해요.
데모스 크라토스에서 크라토스는 권력을, 데모스는 시민을 말합니다.

_샹탈 무페

민주주의는 평범한 시민들의 이익과 관심에 반응하는 정치체제입니다.

_폴 피어슨

민주주의는 시민들이 정부 정책에
막대한 영향력을 행사할 수 있는 제도입니다.

_제이콥 해커

유권자가 마음에 들지 않는 정부를 해임시킬 수 있는 권한을 갖는다는 것은
정치적 삶, 민주주의에 대한 믿음이라는 맥락에서 아주 중요합니다.

_애덤 쉐보르스키

불평등은 민주주의와 자유를 약화시킵니다.

_노엄 촘스키

민주주의가 잘 작동한다면
우리는 훨씬 많은 소득을 재분배할 수 있을 겁니다.

_애덤 쉐보르스키

불평등은 그 자체도 문제가 될 수 있지만 계층 간 이동성이 저하되면, 즉 불평등이 고착화되어 세대가 바뀌어도 사회경제적 지위가 바뀌지 않는다면 정말 심각한 사회적,정치적 문제가 발생하기 시작합니다. 사회적 분열이 심해지고 계층 간 왕래는 줄어드는 대신, 다른 계층에 대한 적대감이 강해지죠. 이는 민주 사회에 심각한 위협을 초래할 수 있습니다.

_셰리 버먼

때로는 평범한 시민들이 위대한 승리를 거두기도 합니다. 우리는 과거 민주주의가 심각하게 위협받던 순간에 시민들이 목소리를 내고 결집했던 경험을 여러 차례 목격했습니다. 그 결과 아무런 정치적 힘이 없는 사람들이 정부를 변화시키지 않았습니까?
우선 투표를 해야 합니다. 가장 큰 문제는 사람들이 투표하지 않는다는 겁니다. 특히 오늘날 일어나고 있는 변화로부터 가장 큰 피해를 입는 사람들이 참여하지 않고 있습니다. 이들이 투표한다면 변화가 생길 것입니다.

_폴 피어슨

민주주의의 미래 말인가요? 시민들에게 달려 있죠.

_노엄 촘스키

펠로폰네소스 전쟁 전사자에 대한 추도 연설

- 본 연설문은 BC 400년경 고대 아테네의 정치가였던 페리클레스가 펠로폰네소스 전쟁초기 전투에서 전사한 아테네 병사들의 장례식에서의 추도문이다.

- 페리클레스

(Perikles, BC 495년~BC 429년)는 아테네의 정치가로, BC 5세기 후반 아테네 민주주의와 제국을 발전시켜 아테네를 그리스의 정치·문화적 중심지로 만들고 BC 447년에 착공된 파르테논과 아크로폴리스를 건설하였음.

----요약 발췌 --------

"우리 정부의 형태는 다른 국가의 제도와 경쟁 관계에 있지 않습니다. 우리 정부는 이웃 나라의 제도를 모방하지 않습니다. 오히려 이웃 나라에게 본보기가 되고 있습니다. 우리의 정치 체제는 민주주의에 해당되는데, 그 까닭은 권력이 소수가 아니라 다수로부터 나오기 때문입니다.

우리는 권위를 존중함과 동시에 법률, 특히 약자를 보호하기 위해 제정된 법률뿐만 아니라 그러한 법률을 위반하는 사람이 모든 시민으로부터 쏟아지는 비난을 수치스럽게 여기게 하는 관례를 존중함으로써 잘못된 행동을 방지합니다.

우리는 우리의 용맹을 떨칠 수 있는 길을 개척하기 위해 모든 육지와 바다를 누비고 다녔을 뿐만 아니라, 우정을 기리는 기념비와 적의를 불태우는 기념비를 가는 곳마다 세웠습니다.

우리의 도시 국가를 위해 훌륭하게 싸우다가 희생당한 이 전사자들 덕분에 그러한 업적이 달성될 수 있었습니다. 그들은 조국이 패망할지도 모른다는 생각조차 품지 못했을 것입니다. 살아남은 우리 모두가 조국을 위해 기꺼이 헌신해야 합니다.

이러한 조치야말로 그러한 싸움이 끝난 후에 전사들에게 마치 화환을 씌워 주듯이, 아테네가 산 자와 죽은 자의 모든 후손들에게 보답하는 확실한 보상입니다.

매우 훌륭한 시민은 공훈에 대한 최고의 보상 조치로서 국가 공무원으로 발탁됩니다. 자, 이제 여러분께서는 각자 자신의 가족 중에 희생당한 전사자에 대해 따로 추모하는 시간을 충분히 갖은 다음에 이 자리를 떠나기로 합시다."

[네이버 지식백과]

여행 중
민주주의가 말을 걸다
- 그리스·영국·독일의
역사 속 유적을 통해 배우는 민주주의

초판 1쇄 발행일 2017년 12월 17일
초판 1쇄 인쇄일 2017년 12월 27일

지 은 이 홍순구
펴 낸 이 권성자
펴 낸 곳 도서출판 아이북
주 소 04016 서울 마포구 희우정로13길 10-10, 1층
전 화 02-338-7813~4 **팩 스** 02-6455-5994
출판등록 10-1953호 (2000년 4월 18일)
이 메 일 ibookpub@naver.com

값 10,000원

ISBN 978-89-89968-96-2 03300